Påtaleinstruksen

(Forskrift om ordningen av påtalemyndigheten)

Sist endret ved forskr. 20.06.2014

Påtaleinstruksen
(Forskrift om ordningen av påtalemyndigheten)
Fastsatt ved kgl.res. 28 juni 1985 nr 1679 i medhold av straffeprosessloven.
Sist endret: F20.06.2014 nr. 790, i kraft 01.07.2014.

Innhold:

FØRSTE DEL.

GENERELLE BESTEMMELSER

Kap. 1. Stedlig virkeområde for påtalemyndighetens tjenestemenn. (s. 7-9)

§ 1-1. Stedlig fordeling av sakene innen påtalemyndigheten
§ 1-2. Flere med påtalemyndighet i samme sak
§ 1-3. Tjenestemennenes stedlige virkeområde

Kap. 2. Alminnelige bestemmelser om saksbehandlingen. (s. 9-13)

§ 2-1. Registrering av straffesaker m.m.
§ 2-2. Oppbevaring av dokumenter i straffesaker
§ 2-3. Korrespondanse med departementene
§ 2-4. Påtalemyndighetens tjenestemenn som forsvarer og verge i straffesaker
§ 2-5. Habilitetskrav
§ 2-6. Avgjørelse av habilitetsspørsmålet
§ 2-7. Lensmennenes og politistasjonssjefenes påtalekompetanse
§ 2-8. Oversettelse når siktede ikke forstår norsk

Kap. 3. Taushetsplikt. (s. 13)

§ 3-1. Taushetsplikt

§§ 3-2; 3-3; 3-3; 3-4; 3-5. (Opphevet).

Kap. 4. Utskrift og utlån av dokumentene i en avsluttet straffesak.
(Opphevet). (s. 14)

Kap. 5. Melding til særskilt myndighet.
(Opphevet). (s. 14)

Kap. 6. [opphevet] (s. 15)

ANNEN DEL.

ETTERFORSKING OG AVGJØRELSE AV PÅTALESPØRSMÅLET (s. 16)

Kap. 7. Generelle regler om anmeldelse og om iverksetting og utføring av etterforsking. (s.16-21)

Kap. 7A. Enkelte særlige rettigheter for fornærmede og etterlatte. (s. 21-22)

Kap. 8. Politiavhør. (s.22-36)

Kap. 8A. Anonym vitneførsel (s.36-37)

Kap. 9. Bruk av tvangsmidler. (s.37-40)

Kap. 9A. Påtalemyndighetens oppnevning
         av forsvarer   (s.40-43)

Kap. 10. Kroppslig undersøkelse av
         mistenkte. (s.43-49)

Kap. 11. Fingeravtrykk og fotografering
         av mistenkte m.m. (s. 49-52)

Kap. 11a. [opphevet]   (s. 52)

Kap. 12. Bistand fra sakkyndige. (s. 53-54)

Kap. 13. Sakkyndig likundersøkelse. (s. 54-56)

Kap. 14. Personundersøkelse. (s. 56-58)

Kap. 15. Rettslig avhør m.m. (s. 58-61)

Kap. 16. Mistenktes, forsvarerens og
         andres rett til dokumentinnsyn
         på etterforskingsstadiet. (s. 61-63)

Kap. 17. Innstilling (henleggelse) og
         gjenopptakelse av straffe-
         forfølgning mm. (s. 63-66)

Kap. 18. Påtaleunnlatelse. (s. 66-70)

Kap. 18 A. Overføring av straffesak til
         megling i konfliktråd.   (s. 70-72)

Kap. 19. (Opphevet ved res.

27 aug 1993 nr. 828.) (s. 72)

| Kap. 20. | Utferdigelse av forelegg. | (s. 73-78) |

| Kap. 21. | Tilståelsesdom | (s. 79-81) |
| Kap. 22. | Utferdigelse av tiltalebeslutning. | (s. 81-85) |

| Kap. 23. | Sikring. | (s. 86-87) |

TREDJE DEL.

SAKENS BEHANDLING I FØRSTE INSTANS.

| Kap. 24. | Oppnevning av og pålegg til aktor. | (s. 88-89) |

| Kap. 25. | Forberedelse til hovedforhandling. | (s. 89-93) |

| Kap. 26. | Hovedforhandlingen og domsavsigelse. | (s. 94-97) |

FJERDE DEL.

BRUK AV RETTSMIDLER OG FORBEREDELSE TIL ANKEBEHANDLING

Kap. 27. Beslutning om bruk av rettsmidler. (s. 98-99)

Kap. 28. Behandling av rettsmiddelerklæring. Oppnevning av aktor i ankesaker (s.100-101)

FEMTE DEL.

FULLBYRDING OG BENÅDNING.

Kap. 29. Fullbyrding. (s. 102-105)

Kap. 30. Innkreving av bøter og andre pengekrav. (s. 105-111)

Kap. 31. Benådning m.m. (s. 112-113)

SJETTE DEL.

SÆRLIGE SAKSOMRÅDER.

Kap. 32.	Sjøfartsforhold.	(s. 114-115)
Kap. 33.	Kontinentalsokkelsaker og saker vedrørende Norges økonomiske sone.	(s. 116-117)
Kap. 34.	Saker som etterforskes av Spesialenheten for politisaker	(s. 117-123)
Kap. 35	Saker som gjelder økonomisk kriminalitet og miljøkriminalitet.	(s. 123-127)
Kap. 36.	Militære straffesaker mm	(s. 128-134)
Kap. 37.	Saker som gjelder bekjempelse av organisert og annen alvorlig kriminalitet.	(s.135-141)
Kap. 38.	Det nasjonale statsadvokatembetet for bekjempelse av organisert og annen alvorlig kriminalitet	(s. 141-142)

— ♦ —

FØRSTE DEL.

GENERELLE BESTEMMELSER

Kap. 1. Stedlig virkeområde for påtalemyndighetens tjenestemenn.

§ 1-1. Stedlig fordeling av sakene innen påtalemyndigheten

En straffbar handling skal som alminnelig regel etterforskes og påtales i det distrikt hvor handlingen antas foretatt.

For saker om økonomisk kriminalitet og miljøkriminalitet gjelder reglene i kap. 35.

§ 1-2. Flere med påtalemyndighet i samme sak

Kan en sak etter straffeprosessloven også anlegges i en annen rettskrets enn gjerningsstedets, skal den som alminnelig regel etterforskes og påtales i det distrikt hvor politiet først har fått befatning med saken såfremt vedkommende påtalemyndighet finner at saken bør anlegges der. Tilsvarende gjelder for handlinger som er begått i utlandet.

Mener vedkommende påtalemyndighet at saken heller bør etterforskes og påtales i en annen rettskrets og det oppstår uenighet om overføring av saken, avgjøres spørsmålet av overordnet påtalemyndighet.

Bestemmelsene i første og annet ledd gjelder også når forfølgning av flere straffbare handlinger eller mot flere personer forenes til en sak etter reglene i straffeprosessloven § 13.

§ 1-3. Tjenestemennenes stedlige virkeområde

Tjenestemenn i påtalemyndigheten har bare påtalemyndighet i det distrikt hvor de gjør tjeneste. De kan likevel også utenfor sitt distrikt begjære foretatt rettergangsskritt i anledning saken. I tilfelle kan begjæringen sendes direkte til vedkommende tingrett når det finnes hensiktsmessig. Det stedlige politikammer skal orienteres dersom saken gjelder tilståelsesdom.

De forskjellige distrikters påtalemyndighet er pliktige til på begjæring å yte hverandre bistand. Blir begjæring om bistand rettet direkte til vedkommende tjenestemann, skal den overordnede underrettes. Begjæring fra et politikammer eller en lensmann om bistand av et lensmannskontor i et annet politidistrikt, kan rettes direkte til vedkommende lensmannskontor. Når bistandsbegjæringen innebærer bruk av tvangsmidler eller dersom etterforskingen ellers tilsier det, skal den rettes via det stedlige politikammer. Når det finnes hensiktsmessig kan likevel begjæringen samtidig rettes direkte til lensmannskontoret, som avventer det stedlige politikammers beslutning.

Er etterforskingen sentralisert til et bestemt politikammer, kan dette foreta etterforskingsskritt også utenfor sitt distrikt.

Første del. Generelle bestemmelser

Et politikammer kan også ellers foreta etterforskingsskritt utenfor sitt distrikt når opphold vil kunne skade etterforskingen eller når det er avtalt mellom de berørte politikamrene.

Foretar en tjenestemann i påtalemyndigheten etterforskingsskritt uanmodet på vegne av en annen tjenestemann, skal vedkommende underrettes snarest mulig. Det samme gjelder når tjenestemannen foretar etterforskingsskritt utenfor sitt distrikt.

Kap. 2. Alminnelige bestemmelser om saksbehandlingen.

§ 2-1. Registrering av straffesaker m.m.

Justisdepartementet i samråd med riksadvokaten gir nærmere regler om påtalemyndighetens registrering av straffesaker og om hvordan dokumentene skal ordnes i den enkelte straffesak.

§ 2-2. Oppbevaring av dokumenter i straffesaker

Dokumenter i straffesaker oppbevares når ikke annet er bestemt nedenfor, ved politikammeret på det sted hvor saken har vært behandlet eller hvorfra etterforskingen har vært ledet. Når saken arkiveres, skal personaliarapporten (§ 8-15) med utskrift av strafferegisteret og bøteregisteret, personundersøkelse (kap. 14) og psykiatriske erklæringer tas ut og arkiveres særskilt. Det samme gjelder for andre dokumenter som inneholder opplysninger av særlig personlig art om

Første del. Generelle bestemmelser

siktede.

Dokumenter i saker der sjøfartsinspektøren har påtalemyndighet, skal oppbevares i Sjøfartsdirektoratet.

Dokumenter i saker som bare eller hovedsaklig gjelder militærpersons overtredelse av den militære straffelov, vernepliktsloven, heimevernsloven eller lov om forsvarshemmeligheter, arkiveres ved den siktede eller dømtes rulleførende enhet. Er vedkommende yrkesbefal, eller ikke i de militære ruller, arkiveres dokumentene ved Forsvarets Overkommando.

Dokumenter i private straffesaker oppbevares ved rettens kontor.

Dokumentene skal overleveres Arkivverket i henhold til de regler som er fastsatt om dette.

§ 2-3. Korrespondanse med departementene

Korrespondansen mellom påtalemyndighetens tjenestemenn og departementene vedrørende straffesaker sendes gjennom riksadvokaten når ikke annet er bestemt. Kurante ekspedisjoner kan likevel sendes direkte til vedkommende departement.

§ 2-4. Påtalemyndighetens tjenestemenn som forsvarer og verge i straffesaker

Første del. Generelle bestemmelser

Påtalemyndighetens tjenestemenn må ikke innenfor sitt distrikt ta på seg oppdrag som verge for noen siktet (mistenkt). Har tjenestemannen i sin tjeneste hatt befatning med saken, må han heller ikke utenfor sitt distrikt ta på seg slikt oppdrag for siktede (mistenkte).

Bestemmelsene i første ledd gjelder også for oppnevning som forsvarer for siktede (mistenkte).

§ 2-5. Habilitetskrav

En tjenestemann som hører til påtalemyndigheten eller handler på vegne av denne, er ugild når han står i et forhold til saken som nevnt i domstolsloven § 106 nr. 1-5. Han er også ugild når andre særegne forhold foreligger som er egnet til å svekke tilliten til hans upartiskhet. Særlig gjelder dette når ugildhetsinnsigelse er reist av en part.

Er en tjenestemann ugild, anses også hans underordnede ved samme embete ugilde, når ikke hans nærmeste overordnede bestemmer noe annet.

§ 2-6. Avgjørelse av habilitetsspørsmålet

Tjenestemannen avgjør selv om han er ugild. Når en part krever det og det kan gjøres uten vesentlig tidsspille, eller tjenestemannen ellers selv finner grunn til det, skal han snarest mulig forelegge spørsmålet for sin nærmeste overordnede til avgjørelse. Dersom det er reist spørsmål om riksadvokatens ugildhet, kan departementet avgjøre at han

Første del. Generelle bestemmelser

ikke er ugild.

Tjenestemann som anser seg som ugild, skal snarest mulig gi sin nærmeste overordnede meddelelse om dette.

Når en tjenestemann er ugild, avgjør hans nærmeste overordnede hvordan saken skal behandles videre.

Selv om en tjenestemann er ugild, kan han ta slike skritt som ikke uten skade kan utsettes og ikke kan overlates til en annen.

§ 2-7. Lensmennenes og politistasjonssjefenes påtalekompetanse

Bestemmelsene om påtalemyndighetens kompetanse i § 7-4 tredje ledd og § 7-5 annet ledd første punktum og i kap. 10 og 17 til 22 gjelder ikke for lensmennene og politistasjonssjefene. § 18A-1, § 18A-2 og § 18A-4 gjelder likevel tilsvarende for lensmennene og politistasjonssjefene så langt de passer. Lensmennene og politistasjonssjefene kan bare beslutte pågripelse, ransaking og beslag når det ikke er anledning til å innhente beslutning fra overordnet påtalemyndighet. Det samme gjelder begjæring om rettslig avhør, jf. straffeprosessloven § 237 første ledd. 1

1 I henhold til statsrådsforedraget punkt 3 trer endringene i påtaleinstruksen i kraft samtidig med iverksettelsen av lov 17. desember 2010 nr. 86 om endringer i lov om rettergangsmåten i straffesaker (1. januar 2011).

Første del. Generelle bestemmelser

§ 2-8. Oversettelse når siktede ikke forstår norsk

Dersom siktede ikke forstår norsk, skal påtalemyndighetens avgjørelse av påtalespørsmålet, jf. kap. 17 til 22, eller rettsmiddelerklæring, jf. kap. 27, oversettes til et språk vedkommende forstår. Oversettelsen bør normalt skje skriftlig, med mindre det anses ubetenkelig at innholdet i avgjørelsen blir muntlig oversatt når avgjørelsen blir forkynt eller meddelt siktede.

Bestemmelsen i første ledd gjelder også ved forkynning av dom, jf. § 26-3, og ved meddelelse av kjennelser og andre rettslige beslutninger.

For øvrig skal sakens dokumenter oversettes på det offentliges bekostning i den grad det anses påkrevd for å vareta siktedes interesser i saken.

Kap. 3. Taushetsplikt.

§ 3-1. Taushetsplikt

Reglene om taushetsplikt i politiregisterloven § 22 og kapittel 6 kommer til anvendelse for enhver som er ansatt i eller utfører tjeneste eller arbeid for politiet og påtalemyndigheten.

§ 3-2. (Opphevet)
§ 3-3. (Opphevet)
§ 3-4. (Opphevet)
§ 3-5. (Opphevet)

Første del. Generelle bestemmelser

Kap. 4. Utskrift og utlån av dokumentene i en avsluttet straffesak. (Opphevet)

§ 4-1. (Opphevet)
§ 4-2. (Opphevet)
§ 4-3. (Opphevet)
§ 4-4. (Opphevet)

Kap. 5. Melding til særskilt myndighet. (Opphevet)

§ 5-1. Melding til kommunens barneverntjeneste om etterforsking mot unge personer (Opphevet).
§ 5-2. Melding til kommunens barneverntjeneste om straffbare handlinger begått mot barn (Opphevet).
§ 5-2A. Melding til tingretten om siktelse eller tiltale mot gjenlevende forelder (Opphevet).
§ 5-3. Melding til tilsyns- og fengselsmyndigheter om etterforsking mot personer under kriminalomsorgen. (Opphevet).
§ 5-4. Melding til vedkommende offentlige myndighet om etterforsking mot en offentlig tjenestemann m.m. (Opphevet).
§ 5-5. Melding til offentlig myndighet om etterforsking mot person som driver virksomhet m.m. med offentlig tillatelse. (Opphevet).
§ 5-6. Melding om rettighetstap etter straffeloven §§ 29, 30 og 31 og ekteskapsloven § 89. (Opphevet).
§ 5-7. Politiets plikt til av eget tiltak å gi melding til militære myndigheter om strafferettslige forføyninger mot militær-

personer. (Opphevet).

§ 5-8. Politiets plikt til på anmodning å gi militære myndigheter opplysninger om strafferettslige forføyninger mot militærpersoner. (Opphevet).

§ 5-9. Melding til militær myndighet om forhold av betydning for utdeling av militært våpen. (Opphevet).

§ 5-10. Melding til Kriminalpolitisentralen. (Opphevet).

§ 5-11. Melding om tiltak og straff mot eller ombord i utenlandsk fartøy. (Opphevet).

§ 5-12. Melding til den konsulære stasjon om tvangstiltak mot utlendinger. (Opphevet).

§ 5-13. Melding til Utlendingsdirektoratet om etterforsking mot utenlandsk statsborger eller grunn for utvisning. (Opphevet).

§ 5-14. Melding om brann og andre ulykker. (Opphevet).

§ 5-15. Politiets plikt til på anmodning å gi opplysninger til likestillings- og diskrimineringsombudet mv. (Opphevet).

§ 5-16. Adgang for riksadvokaten til å gi bestemmelser om melding til særskilt myndighet. (Opphevet).

Kap. 6. [opphevet]

§§ 6-1; 6-2; 6-3; 6-4. [opphevet]

Første del. Generelle bestemmelser

ANNEN DEL.

ETTERFORSKING OG AVGJØRELSE AV PÅTALE-SPØRSMÅLET

Kap. 7. Generelle regler om anmeldelse og om iverksetting og utføring av etterforsking.

§ 7-1. Behandling av anmeldelse

Anmeldelse av straffbare handlinger skjer til politiet. Er anmeldelsen muntlig, skal mottakeren skrive den ned, datere den og om mulig få anmelderens underskrift.

Anmeldelse som skjer til statsadvokat eller riksadvokaten kan uten videre sendes til vedkommende politimyndighet.

Enhver anmeldelse skal snarest registreres i samsvar med gjeldende regler, jf. § 2-1. Anmeldelse som innkommer til lensmannen, skal etter registrering sendes til politikammeret for registrering der. Anmelderen skal på begjæring gis skriftlig bekreftelse på at anmeldelse har skjedd.

Dersom det er grunn til å tro at etterforsking i saken vil høre under et annet politikammer, jf. kap. 1, eller at det skal gis melding til overordnet påtalemyndighet etter reglene i § 7-2, skal anmeldelsen snarest forelegges vedkommende tjenestemann med påtalemyndighet. Det samme gjelder når saken ellers tilsier det eller når det følger av særlig instruks. Uten beslutning av overordnet kan det likevel foretas skritt som ikke uten skade kan utsettes.

§ 7-2. Underretning til overordnet påtalemyndighet om anmeldelse

Politiet skal underrette statsadvokaten eller riksadvokaten når det får kjennskap til at det er begått særlig alvorlige forbrytelser i distriktet eller når det ellers er begått straffbare forhold som vekker stor oppsikt. Det samme gjelder dersom det er grunn til å tro at politikammeret ikke selv har tilstrekkelige ressurser til å gjennomføre etterforskingen eller dersom det bør overveies å sentralisere ledelsen av etterforskingen.

Større saker om økonomisk kriminalitet og miljøkriminalitet som etterforskes lokalt skal det gis underretning om til Den sentrale enhet for etterforsking og påtale av økonomisk kriminalitet og miljøkriminalitet, jf. kap. 35.

Om melding til Kriminalpolitisentralen gjelder reglene i politiregisterforskriften § 10-11.

Ved anmeldelse eller mistanke om straffbar handling begått i tjenesten av en ansatt i politiet eller påtalemyndigheten skal det gis melding etter reglene i § 34-5 første og andre ledd.

Ved anmeldelse eller mistanke om straffbar handling begått i tjenesten av en ansatt i politiet eller påtalemyndigheten skal det gis melding etter reglene i § 34-3 første og andre ledd.

Annen del. Etterforsking og avgjørelse av påtalespørsmålet

§ 7-3. Underretning til særskilt myndighet og til fornærmede om anmeldelse

Gjelder anmeldelsen en straffbar handling hvor påtale er avhengig av begjæring fra særskilt myndighet, skal den straks forelegges vedkommende myndighet. Kreves det for påtale begjæring fra fornærmede, og det er grunn til å anta at han ikke er kjent med lovovertredelsen, skal påtalemyndigheten bringe de foreliggende opplysninger til hans kunnskap og spørre om han begjærer påtale. Så lenge påtale ikke er begjært, tas bare etterforskingsskritt som ikke uten skade kan utsettes, jf. straffeprosessloven § 229.

Gjelder anmeldelsen overtredelse av bestemmelser som er undergitt ubetinget offentlig påtale, men hvor det er etablert en særskilt kontrollmyndighet, bør anmeldelsen forelegges vedkommende myndighet før etterforsking iverksettes.

§ 7-4. Iverksetting av etterforsking

Etterforsking foretas når det som følge av anmeldelse eller andre omstendigheter er rimelig grunn til å undersøke om det foreligger straffbart forhold som forfølges av det offentlige.

Etterforsking etter første ledd skal også foretas når en ellers straffbar handling er begått av et barn som var mellom 12 og 15 år på handlingstidspunktet, jf. straffeprosessloven § 224 andre ledd. Riksadvokaten kan gi nærmere retningslinjer om gjennomføringen og om begrensninger i plikten. Det kan også foretas etterforsking når et barn, som ikke er fylt 12 år,

Annen del. Etterforsking og avgjørelse av påtalespørsmålet

har begått en ellers straffbar handling.

Etterforsking kan også foretas når en ellers straffbar handling er begått av en person som ikke kan straffes på grunn av utilregnelighet.

Påtalemyndigheten kan beslutte å henlegge en anmeldelse uten at det foretas etterforsking når det er klart at det anmeldte forhold ikke er straffbart eller ikke er gjenstand for offentlig påtale. Bestemmelsene i § 17-2 om underretning til anmelderen gjelder tilsvarende.

Ved brann skal det foretas etterforsking om årsaken selv om det ikke er grunn til mistanke om straffbart forhold. Det samme gjelder ved annen ulykke som har voldt alvorlig personskade eller betydelig ødeleggelse av eiendom. Ved ulykker som skal undersøkes av fast eller særskilt oppnevnt kommisjon eller av vedkommende myndighet, kan etterforsking foretas i den utstrekning påtalemyndigheten finner grunn til det. Kommisjonen eller vedkommende myndighet skal i tilfelle varsles om igangsetting av etterforsking. Også ellers kan politiet foreta etterforsking om årsaken til ulykker, jf. straffeprosessloven § 224 annet ledd.

Når et barn under 18 år dør plutselig og uventet, skal politiet innlede etterforsking selv om det ikke er grunn til mistanke om straffbart forhold. Det gjelder ikke dersom det er åpenbart at dødsfallet ikke skyldes en straffbar handling. Riksadvokaten kan gi nærmere retningslinjer om hvordan etterforskingen skal skje og om begrensninger i plikten.

Annen del. Etterforsking og avgjørelse av påtalespørsmålet

§ 7-5. Generelt om utføring av etterforskingen

Etterforskingen utføres av politiet, med det unntak som følger av kapittel 34.

Påtalemyndigheten har ansvaret for at etterforskingen skjer i samsvar med lov og instruks og kan etter behovet i den enkelte sak gi pålegg om etterforskingens gjennomføring. Uten beslutning av overordnet kan enhver politimann foreta skritt som ikke uten skade kan avventes.

Påtalemyndigheten gir nærmere generelle regler om prioritering og gjennomføring av etterforskingen i straffesaker.

Dersom en offentlig tjenestemann i tjenestens medfør erfarer at det har skjedd en overtredelse av et straffebud, kan forelegg utferdiges i henhold til dennes skriftlige innberetning uten videre undersøkelser.

Dersom en offentlig tjenestemann i tjenestens medfør erfarer at det er begått en forseelse og mistenkte straks erkjenner forholdet, kan saken av påtalemyndigheten, jf. § 21-1, oversendes tingretten med begjæring om pådømmelse i henhold til tjenestemannens skriftlige innberetning, når mistenkte samtykker i dette.

§ 7-6. Orientering til fornærmede og etterlatte

Fornærmede med bistandsadvokat og etterlatte i lovbestemt rekkefølge skal holdes orientert om sakens utvikling og

Annen del. Etterforsking og avgjørelse av påtalespørsmålet

fremdrift med mindre hensynet til etterforskingen eller andre grunner gjør det utilrådelig. Andre fornærmede skal informeres etter behov.

Så langt det er mulig skal fornærmede med bistandsadvokat og etterlatte i lovbestemt rekkefølge varsles før det holdes pressekonferanse eller opplysninger om saken offentliggjøres på annen måte.

Kap. 7A. Enkelte særlige rettigheter for fornærmede og etterlatte.

§ 7A-1. Kontaktperson i politiet

Politiet skal oppnevne en kontaktperson for fornærmede med bistandsadvokat og for etterlatte i lovbestemt rekkefølge. Kontaktpersonen skal blant annet ha ansvaret for at fornærmede og etterlatte får den informasjonen de har krav på etter § 7-6.

§ 7A-2. Rett for fornærmede og etterlatte til å utpeke en stedfortreder

Fornærmede og etterlatte i lovbestemt rekkefølge kan utpeke en stedfortreder som på deres vegne kan utøve retten til innsyn og til å motta informasjon fra politi og påtalemyndighet.

Hvis det er oppnevnt bistandsadvokat, skal politi og

Annen del. Etterforsking og avgjørelse av påtalespørsmålet

påtalemyndighet gi all skriftlig informasjon både til bistandsadvokaten og stedfortrederen. Muntlig informasjon behøver bare gis til bistandsadvokaten. Stedfortrederen kan få samme informasjon ved å henvende seg til politi eller påtalemyndighet.

§ 7A-3. Varsel om rekonstruksjoner og lignende

Skal fornærmede eller etterlatte delta ved åstedsbefaringer, rekonstruksjoner eller andre etterforskingsskritt, skal bistandsadvokaten varsles. Bistandsadvokaten har rett til å være til stede.

Fornærmede og etterlatte i lovbestemt rekkefølge skal også ellers varsles om rekonstruksjoner dersom slik underretning vil være av betydning for dem.

Kap. 8. Politiavhør.

Avhør av mistenkte (siktede)

§ 8-1. Opplysninger som skal gis ved avhør

Før det foretas avhør av mistenkte, skal han gjøres kjent med hva saken gjelder og med eventuell siktelse. Han skal gjøres kjent med at han ikke har plikt til å forklare seg.

Mistenkte skal dessuten gjøres kjent med at han har rett til å la seg bistå av forsvarer etter eget valg på ethvert trinn av saken, herunder ved politiets avhør av ham. Siktede bør spørres om hvem han ønsker oppnevnt som sin offentlige

Annen del. Etterforsking og avgjørelse av påtalespørsmålet

forsvarer når han har krav på slik forsvarer.

Mistenkte skal spørres om navn, stilling og bopel. Likeledes skal han, eventuelt etter at forklaring er gitt, anmodes om å gi de opplysninger som etter § 8-15 skal tas med i personaliarapporten.

§ 8-1a. Vurdering av siktedes behov for forsvarer

Dersom siktede ikke benytter seg av retten til å la seg bistå av forsvarer, skal politi og påtalemyndighet fortløpende vurdere om det foreligger særskilte forhold som nevnt i straffeprosessloven § 100 annet ledd, som tilsier at siktede bør ha slik bistand. I så fall skal melding inngis til retten med anmodning om å vurdere oppnevning av offentlig forsvarer for siktede.

§ 8-2. Gjennomføringen av avhøret

Er mistenkte villig til å forklare seg, oppfordres han til å forklare seg sannferdig.

Avhøringen skal skje på en måte som er egnet til å få en så vidt mulig sammenhengende forklaring om det forhold saken gjelder. Mistenkte skal gis anledning til å gjendrive de grunner mistanken beror på, og anføre de omstendigheter som taler til fordel for ham.

Spørsmål må ikke stilles slik at noe som ikke er innrømmet forutsettes som erkjent av mistenkte.

Ved avhøringen må tjenestemannen alltid opptre rolig og

Annen del. Etterforsking og avgjørelse av påtalespørsmålet

hensynsfullt. Løfter, uriktige opplysninger, trusler eller tvang må ikke brukes. Under avhøret må det ikke forespeiles mistenkte at siktelsens omfang kan påregnes redusert dersom han tilstår eller gir andre viktige opplysninger. Han skal etter omstendighetene gjøres kjent med at en eventuell tilståelse ikke uten videre vil medføre løslatelse.

Det må ikke brukes midler som nedsetter mistenktes bevissthet eller evne til fri selvbestemmelse. Blir det foretatt avhør av en mistenkt som antas å være påvirket av rusmidler, skal det gis opplysning om dette i rapporten.

Avhørene må ikke ta sikte på å trette ut avhørte. Han må gis anledning til å få sedvanlige måltider og nødvendig hvile.

Innrømmer mistenkte å ha begått en handling som avhøret gjelder, skal han spørres om han erkjenner seg skyldig til straff. Har han gitt en uforbeholden tilståelse og saken antas å kunne pådømmes etter straffeprosessloven § 248 (tilståelsesdom), skal han gjøres oppmerksom på dette og hva tilståelsesdom innebærer, samt spørres om han samtykker i slik pådømmelse. Han skal også orienteres om at samtykke innebærer at eventuelle sivile krav vil kunne bli pådømt av retten.

Dersom mistenkte nekter å være skyldig, kan han gjøres kjent med de foreliggende opplysninger i saken hvis det kan skje uten skade for etterforskingen, og spørres om han har noe ytterligere å anføre til dem. Han skal dessuten gjøres kjent med at påtalemyndigheten vil kunne treffe sin avgjørelse i saken på grunnlag av disse opplysningene.

Annen del. Etterforsking og avgjørelse av påtalespørsmålet

§ 8-3. Særregler når mistenkte er under 18 år

Er mistenkte under 18 år, skal han spørres om vergenes navn og bopel.

Vergene underrettes så vidt mulig om avhøret og gis som regel anledning til å være til stede under avhøret og til å uttale seg, herunder om forsvarerspørsmålet.

Dersom mistenkte samtykker i pådømmelse etter straffeprosessloven § 248 (tilståelsesdom), jf. § 8-2 sjuende ledd, skal også vergene spørres om de samtykker i slik pådømmelse.

En representant for helse- og sosialstyret (barnevernet) skal så vidt mulig gis anledning til å være til stede. Det samme gjelder dersom mistenkte er over 18 år og anbrakt på spesialskole.

§ 8-4. Forsvarerens adgang til å være til stede ved avhøret

Dersom mistenkte ber om det, skal forsvareren gis adgang til å være til stede ved avhøret. Under avhøret må mistenkte ikke rådføre seg med forsvareren før han svarer på spørsmål som blir rettet til ham, hvis ikke politiet samtykker i det.

§ 8-5. Underretning til fornærmede om at mistenkte er avhørt

Fornærmede med bistandsadvokat skal i alminnelighet varsles når den mistenkte er avhørt første gang.

Annen del. Etterforsking og avgjørelse av påtalespørsmålet

Avhør av fornærmede og etterlatte

§ 8-6. Opplysninger som skal gis ved avhør

Fornærmede skal ved første gangs avhør alltid spørres om han eller hun begjærer påtale.

Fornærmede og etterlatte skal gjøres kjent med adgangen til å få fremmet sivile krav i forbindelse med straffesaken. Tilsvarende gjelder ved avhør av andre som kan fremme sivile krav i saken, jf. straffeprosessloven § 3. Hvis de ikke har krav på bistandsadvokat, skal de spørres om de ønsker at påtalemyndigheten fremmer kravet for dem og orienteres om hvilke prosessuelle konsekvenser dette har fremfor at de fremmer kravet selv etter straffeprosessloven § 428. De skal også informeres om at de må gi nærmere opplysninger om grunnlaget for og størrelsen på kravet, samt hvilke bevis de kan oppgi. Det skal opplyses om at fornærmede, hvis tiltale tas ut, vil gis en kort frist til eventuelt å fremme kravet selv eller til å be om endringer i kravet slik det er angitt i tiltalebeslutningen.

Fornærmede som er blitt skadet ved en straffbar voldshandling, skal gjøres kjent med adgangen til å kreve erstatning av staten, og at erstatning kan nektes dersom kravet ikke er forsøkt tatt med i straffesaken. Det samme gjelder for etterlatte.

Annen del. Etterforsking og avgjørelse av påtalespørsmålet

§ 8-7. Opplysning om rett til advokat

I saker som nevnt i straffeprosessloven § 107a første og annet ledd skal fornærmede og etterlatte før forklaring gis, gjøres kjent med sin rett til å få bistandsadvokat. Det samme gjelder den som et besøksforbud skal beskytte, i saker som nevnt i straffeprosessloven § 107a femte ledd. De skal også gjøres kjent med sin rett til å vente med å forklare seg til advokaten er til stede.

Politiet skal spørre om en bestemt advokat ønskes oppnevnt i saken. Dersom den ønskede advokaten har kontor utenfor rettskretsen, skal politiet opplyse at merutgiftene ved dette kan kreves av den advokaten oppnevnes for. Har fornærmede eller etterlatte ikke ønske om en bestemt advokat, kan politiet vise til oversikten over faste bistandsadvokater ved ting- og lagmannsrettene, jf. straffeprosessloven § 107g.

Det skal gå fram av rapporten om det er gitt slik informasjon som nevnt i første og annet ledd.

§ 8-8. Gjennomføring av avhøret

Om gjennomføringen av avhøret gjelder reglene om avhør av vitner så langt de passer.

§ 8-9. Rett til avhør om lovbruddets virkninger

Dersom bistandsadvokaten anmoder om det, skal politiet

Annen del. Etterforsking og avgjørelse av påtalespørsmålet

gjennomføre et særskilt avhør av fornærmede og etterlatte for å belyse hvilke virkninger lovbruddet har hatt for dem.

Avhør av vitne

§ 8-10. Avhør av vitne

Før det foretas avhør av vitne, skal det gjøres kjent med hva det ønskes forklaring om.

Vitnet skal spørres om navn, fødselsdata, stilling og arbeidssted, bopel, telefon(er) og forhold til mistenkte og fornærmede. Dersom det er særlig grunn til det, skal vitnet også spørres om andre forhold som kan ha innflytelse på bedømmelsen av forklaringen.

Er vitnet fritatt for vitneplikt etter straffeprosessloven § 122 første og annet ledd, skal det før avhøret gjøres oppmerksom på sin rett til å nekte å avgi forklaring i saken.

Hvor forholdene gir grunn til det, bør vitnet gjøres kjent med fritaksreglene i straffeprosessloven §§ 121, 122 tredje ledd og §§ 123 til 125 [123, 124, 125].

For øvrig kan vitnet etter omstendighetene gjøres kjent med at det ikke har plikt til å forklare seg for politiet med mindre det har forklaringsplikt etter straffeprosessloven § 230 første ledd annet punktum.

Vitnet skal gjøres kjent med at når forklaringen avgis, er vitnet under straffansvar forpliktet til å si den fulle sannhet og ikke legge skjul på noe som angår saken.

§ 8-11. Gjennomføringen av avhøret

Vitner skal avhøres enkeltvis.

Dersom vitnet antas å sitte inne med viktige opplysninger for sakens oppklaring, bør vitnet innkalles eller oppsøkes for personlig avhør.

Vitnet skal forklare seg muntlig og skal oppfordres til så vidt mulig i sammenheng å forklare hva det vet om saken. Deretter kan særskilte spørsmål stilles. Vitnet skal anmodes om å oppgi kilden til sin kunnskap.

Skal en person eller ting vises frem for et vitne til gjenkjennelse, oppfordres det først til å gi en så nøyaktig beskrivelse som mulig. Ved foto- eller personkonfrontasjon må det benyttes en fremgangsmåte som så vidt mulig utelukker mistanke om påvirkning og risiko for gal identifikasjon.

Vitnet kan bruke opptegnelser om tall eller annet til støtte for hukommelsen. Vitnet må opplyse hvem som har gjort opptegnelsene, når det er skjedd og formålet med dem.

Løfter, uriktige opplysninger, trusler eller tvang må ikke brukes. Ved avhøringen må tjenestemannen alltid opptre rolig og hensynsfullt og foreta avhøret på en måte som er egnet til å fremkalle en klar og sannferdig forklaring og som tar rimelig hensyn til vitnet. Spørsmål som ved innhold eller form innbyr til svar i en bestemt retning, må ikke stilles, når det ikke skjer for å prøve påliteligheten av opplysninger som vitnet tidligere har gitt, eller andre særlige grunner gjør det forsvarlig.

Spørsmål om fornærmedes tidligere seksuelle atferd skal ikke stilles med mindre det er av vesentlig betydning for saken. Eventuelle spørsmål må stilles på en så hensynsfull måte som mulig.

Avhørte skal ikke uten særlig grunn gis kopi av sin forklaring.

Den avgitte forklaring skal heller ikke uten særlig grunn gjøres kjent for andre.

§ 8-12. Særregler om avhør og observasjon av vitne under 16 år og vitne med psykisk utviklingshemming eller tilsvarende funksjonssvikt

Når et barn under 16 år avhøres som vitne, bør barnets foreldre, en foresatt eller en annen som barnet har tillit til gis anledning til å være til stede under avhøret. Det gjelder ikke dersom vedkommende selv er anmeldt i saken eller andre grunner taler mot det. Er mistenkte i saken en av barnets foreldre eller foresatte, bør det som regel sørges for at det oppnevnes midlertidig verge (setteverge) for å bistå barnet ved avhøret.

I en sak om seksuallovbrudd bør avhør av vitne under 16 år fortrinnsvis begjæres foretatt av dommeren utenfor rettsmøte etter reglene i straffeprosessloven § 239. Samme

Annen del. Etterforsking og avgjørelse av påtalespørsmålet

fremgangsmåte kan brukes ved avhør av vitne med psykisk utviklingshemming eller tilsvarende funksjonssvikt. Fremgangsmåten bør også overveies i saker om andre straffbare forhold når hensynet til vitnet tilsier det. Gjentatt avhør skal i slike tilfeller så vidt mulig unngås. Fornærmede mellom 14 og 16 år skal gjøres kjent med at de har rett til å avgi forklaring i hovedforhandlingen, dersom de ønsker det.

Når vitnets alder eller særlige omstendigheter tilsier det, kan det begjæres observasjon av vitnet etter reglene i straffeprosessloven § 239, jf. forskrift av 2. oktober 1998 nr. 925 om dommeravhør og observasjon.

Ved politiets avhør av barn under 16 år må det særlig legges vekt på at avhøret skjer på en hensynsfull måte. Etter omstendighetene bør avhøret finne sted i barnets hjemmemiljø. I sedelighetssaker bør piker så vidt mulig avhøres av en kvinne. Kan dette ikke skje, bør avhøret foretas i nærvær av en kvinne dersom barnets foreldre eller foresatte ikke kan være til stede.

§ 8-13. Hvem kan være til stede ved avhøret eller observasjonen

Politiet kan tillate at forsvareren er til stede ved avhør av vitne dersom dette kan skje uten skade for etterforskingen.

Er det oppnevnt bistandsadvokat i medhold av straffeprosessloven § 107a, skal advokaten varsles om tidspunktet for avhør av klienten, og om advokatens rett til å overvære avhøret eller observasjonen i henhold til forskrift

Annen del. Etterforsking og avgjørelse av påtalespørsmålet

2. oktober 1998 nr. 925 om dommeravhør og observasjon.

Dersom fornærmede ønsker det og ikke særlige grunner taler mot det, kan en person fornærmede har tiltro til være til stede ved avhøret. Politiet kan nekte fornærmede å ha til stede en person som selv er vitne i saken, jf. § 8-11 første ledd.

Fornærmede skal før avhøret tar til gjøres kjent med sin rett etter tredje ledd.
Utarbeidelse av rapport og bruk av lydopptak

§ 8-14. Utarbeidelse av rapport om avhøret

Det skal settes opp rapport om avhør av mistenkte og vitne.

Rapporten skal angi tjenestedistrikt, tiden og stedet for avhøret, avhørets varighet og hvilken tjenestemann (navn og stilling) som har opptatt forklaringen. Det skal også angis hvem som ellers har vært til stede under avhøret. Videre skal rapporten gi opplysning om hva saken gjelder og avhørtes navn, adresse og stilling. For nærmere personopplysninger om mistenkte skal det vises til personaliarapporten som skal settes opp etter § 8-12. Ved avhør av vitner skal rapporten inneholde de opplysninger som er nevnt i § 8-5 annet ledd. Ved avhør av anonyme vitner etter straffeprosessloven § 234 a skal personopplysninger og andre opplysninger som kan føre til at vitnets identitet blir kjent, protokolleres og oppbevares etter reglene i kapittel 8A.

Enhver forklaring skal skrives ned. Tilståelser og andre

særdeles viktige uttalelser bør så vidt mulig gjengis med avhørtes egne ord.

Forklaringen skal leses opp til vedtakelse. Dersom avhørte ønsker det, kan gjennomlesning tre i stedet for opplesning. Krever avhørte endringer, skal disse foretas ved tilføyelse til rapporten. Forklaringen skal så vidt mulig forelegges avhørte til underskrift. Nekter avhørte å undertegne forklaringen, skal dette opplyses i rapporten.

Har det ikke vært anledning til å skrive ned forklaringen på stedet, skal det gjøres snarest mulig.

Rapporten bør fortrinnsvis skrives på skrivemaskin, med mindre protokollasjon skjer ved diktat til lydopptak etter reglene i § 8-13 sjette ledd. Eventuell kladd med avhørtes underskrift skal oppbevares på saken.

Av rapporten må det kunne ses om de former som er foreskrevet ved lov eller instruks er iakttatt.

Vedkommende som har skrevet rapporten skal undertegne denne.

Ved avhør over telefon bør rapporten om avhøret utarbeides i form av egenrapport fra tjenestemannen.

§ 8-15. Utarbeidelse av personaliarapport m.m.

I forbindelse med avhør av mistenkte skal det utarbeides en personaliarapport som skal inneholde følgende opplysninger:

Annen del. Etterforsking og avgjørelse av påtalespørsmålet

Fullt navn, fødselsdata, fødselsnummer, bosted, telefon og fødested.

I den grad det anses nødvendig, skal rapporten dessuten inneholde:

Foreldrenes navn, mistenktes statsborgerskap, stilling og arbeidssted, formue og inntekt, samlivsforhold og navn på ektefelle og samboende, forsørgelsesbyrde, skolegang og faglig utdannelse, offentlige bevilgninger og sertifikater, vernepliktsforhold, pensjonsrettigheter, tidligere påtaleunnlatelser, straffedommer og forelegg, tidspunkt for eventuell løslatelse fra soning og ikke avgjorte saker.

Er mistenkte under 18 år, skal rapporten også inneholde opplysning om foreldrenes bosted. Dersom foreldrene ikke bor sammen, skal det opplyses hvem som har foreldreansvaret. Etter omstendighetene skal rapporten også gi opplysning om mistenktes personlige forhold, særlig i hjem og skole, og om det har vært truffet tiltak overfor mistenkte med hjemmel i barnevernloven av 17. juli 1992 nr. 100.

I saker om forbrytelse og alvorlig forseelse skal det innhentes utskrift fra reaksjonsregisteret. Innhenting av mer omfattende opplysninger om mistenktes personlige forhold skal skje i form av personundersøkelse, jf. kap. 14.

I saker om forbrytelse og om alvorlig forseelse skal det innhentes utskrift av strafferegisteret og av bøteregisteret. Dersom opplysningene ikke kan bekreftes på annen måte, skal det dessuten innhentes aldersattest fra vedkommende folkeregister.

Har det skjedd endringer i de forhold som er omtalt i rapporten, skal rapporten ajourføres.

I enkle saker kan det unnlates å sette opp personaliarapport inntil det eventuelt viser seg at saken må sendes retten til avgjørelse.

Personaliarapporten og utskrifter som nevnt i femte ledd annet punktum skal ved arkivering oppbevares som bestemt i politiregisterforskriften § 25-3 første ledd annet punktum.

§ 8-16. Bruk av lydopptak ved avhøret

Ved politiavhør av mistenkt eller vitne kan lydopptak foretas når det finnes hensiktsmessig.

Når lydopptak foretas, skal den som avhøres være underrettet om dette på forhånd.

Selv om det foretas lydopptak, skal det skrives rapport på vanlig måte. I rapporten skal det opplyses at det er tatt lydopptak av forklaringen. Etter omstendighetene kan utskrift av lydopptaket tre i stedet for nedtegning av forklaringen i rapporten.

Siktede og hans forsvarer har samme rett til å få lydopptaket avspilt som til å gjøre seg kjent med saksdokumentene.

Opptaket oppbevares av politiet til saken er endelig avgjort.

Annen del. Etterforsking og avgjørelse av påtalespørsmålet

Skrives opptaket ut, blir utskriften et av sakens dokumenter.

I stedet for at en forklaring skrives ned og leses opp til vedtakelse, kan protokollasjon skje ved diktat til lydopptak. Den avhørte skal i så fall spørres om han ønsker lydopptaket avspilt til godkjenning, og ha anledning til å gjøre tilleggsbemerkninger. Et slikt lydopptak skal alltid skrives ut så snart som mulig, undertegnes av den som har foretatt avhøret, og vedlegges sakens dokumenter. Lydopptaket oppbevares til saken er endelig avgjort.

Kap. 8A. Anonym vitneførsel

§ 8A-1. Behandling og oppbevaring av opplysninger ved anonym vitneførsel

Opplysninger om navnet til et anonymt vitne, jf. straffeprosessloven § 130 a eller § 234 a, og andre opplysninger som kan føre til at vitnets identitet blir kjent, skal nedtegnes i et særskilt dokument.

Dokumenter som inneholder opplysninger som nevnt i første ledd, skal behandles og oppbevares etter reglene i beskyttelsesinstruksen på samme måte som dokumenter med beskyttelsesgrad "STRENGT FORTROLIG".

§ 8A-2. Utarbeidelse av protokoll

I saker der politiet vurderer å fremsette begjæring om anonym vitneførsel, skal det føres en protokoll som sikrer

Annen del. Etterforsking og avgjørelse av påtalespørsmålet

notoritet om vitnets identitet og om vitnets kontakt med politiet. I tillegg skal rapporten inneholde en vurdering av hvorfor vitnet ønsker å forklare seg anonymt og av vitnets troverdighet.

Riksadvokaten kan gi nærmere retningslinjer om den praktiske gjennomføringen av bestemmelsene i dette kapitlet.

Kap. 9. Bruk av tvangsmidler.

§ 9-1. Påtalemyndighetens beslutning om pågripelse

Påtalemyndighetens beslutning om pågripelse skal være skriftlig og inneholde mistenktes navn, fødselsdata og bopel, en kort beskrivelse av det straffbare forhold og grunnen for pågripelsen. I beslutningen skal også gis opplysning om hvilken straffebestemmelse som mistanken gjelder. Innholdet av bestemmelsen skal gjengis så langt det er av betydning for saken.

Dersom formålet med beslutningen ellers kunne forspilles, kan beslutningen gis muntlig, men den skal da snarest mulig nedtegnes.

§ 9-2. Pågripelse og varetektsfengsling av unge personer

Personer under 18 år bør ikke pågripes eller begjæres varetektsfengslet hvis det ikke er særlig påkrevet. For personer under 16 år bør det i stedet for fengsling forsøkes

Annen del. Etterforsking og avgjørelse av påtalespørsmålet

andre tiltak, f.eks. midlertidig plassering i egnet institusjon under barnevernet, når det er adgang til det.

Blir det aktuelt å begjære fengsling av en person under 18 år, skal kommunens barneverntjeneste om mulig underrettes om dette.

§ 9-3. Begrensning av varetekt hvor det er sannsynlig med betinget reaksjon m.m.

Dersom det er grunn til å anta at saken vil bli avgjort ved påtaleunnlatelse, forelegg eller betinget dom, bør vedkommende ikke begjæres varetektsfengslet med mindre det anses særlig påkrevet.

§ 9-4. Bruk av andre tiltak enn pågripelse og fengsling

Det må alltid vurderes om tiltak i medhold av straffeprosessloven § 181 kan tre i stedet for pågripelse eller begjæring om varetektsfengsling. Siktede skal gjøres kjent med sin rett til å bringe avgjørelsen om bruk av slike tiltak inn for retten.

§ 9-5. Fortegnelse over beslaglagte ting

Det skal settes opp en nøyaktig fortegnelse over beslaglagte ting. Dersom det som ledd i sakens behandling er nødvendig å ta kopi av beslaglagte dokumenter, skal dette gå fram av fortegnelsen eller ved anmerkning på det kopierte

Annen del. Etterforsking og avgjørelse av påtalespørsmålet

dokumentet.

Dersom det er tatt beslag i gjenstander som antas å være fravendt noen ved en straffbar handling, og fornærmede er kjent, skal politiet opplyse fornærmede om beslaget og gi informasjon om når beslaget kan forventes opphevet. Påtalemyndigheten skal straks oppheve beslaget, såfremt bevis kan sikres på annen måte. Når beslaget er opphevet, skal gjenstanden straks utleveres i samsvar med straffeprosessloven § 214 første ledd.

§ 9-6. Underretning om varetektsfengsling mv. av siktede til fornærmede ved visse typer forbrytelser

Politiet skal så snart som mulig underrette fornærmede med bistandsadvokat og etterlatte i lovbestemt rekkefølge om at siktede er varetektsfengslet og for hvor lang tid.

Likeledes skal fornærmede med bistandsadvokat og etterlatte i lovbestemt rekkefølge underrettes så snart som mulig dersom siktede løslates eller fengsling forlenges.

§ 9-7. Underretning om besøksforbud etter straffeprosessloven § 222a

Dersom det er grunn til å tro at det foreligger slike særlige forhold som nevnt i straffeprosessloven § 222a, skal det gis underretning om adgangen til å begjære besøksforbud mv til den et slikt forbud skal beskytte.

Annen del. Etterforsking og avgjørelse av påtalespørsmålet

Vedkommende skal så snart som mulig underrettes om ilagt besøksforbud, og om hvor lang tid forbudet gjelder for. Den forbudet skal beskytte og den forbudet retter seg mot skal gjøres kjent med sin rett til å bringe spørsmålet om besøksforbud inn for retten. Den forbudet retter seg mot, skal også gjøres kjent med at overtredelse er straffbart.

§ 9-8. Kommunikasjonskontroll

Ved kommunikasjonskontroll gjelder forskrift fastsatt ved kongelig resolusjon 31. mars 1995 nr. 281 om kommunikasjonskontroll.

Mistenkte skal ved forespørsel gjøres kjent med vilkårene for opplysning om kommunikasjonskontroll etter straffeprosessloven § 216j. Det skal også gis opplysning om hvordan mistenkte skal sette frem begjæring om slik underretning.

§ 9-10. Melding til den konsulære stasjon om tvangstiltak mot utlendinger

(Tilføyes 1 juli 2014 ved forskrift 27 sep 2013 nr. 1138 som endret ved forskrift 13 des 2013 nr. 1450).

Kap. 9A. Påtalemyndighetens oppnevning av forsvarer

§ 9A-1. Oppnevning av forsvarer

En siktet som er pågrepet, skal så vidt mulig ha forsvarer

Annen del. Etterforsking og avgjørelse av påtalespørsmålet

straks det er klart at han ikke vil bli løslatt innen 24 timer etter pågripelsen, jf. straffeprosessloven § 98 første ledd.

Siktede skal spørres om han ønsker forsvarer, og om det eventuelt ønskes en bestemt forsvarer. Svaret skal føres inn i arrestjournalen.

§ 9A-2. Hvem som skal oppnevne forsvarer

Når det skal oppnevnes forsvarer etter straffeprosessloven § 98 første ledd, skal påtalemyndigheten straks avklare om det er tingretten eller påtalemyndigheten som skal foreta oppnevnelsen.

Dersom behovet for forsvarer oppstår innenfor tingrettens åpningstid, og det ikke er noe som tilsier at retten ikke straks kan behandle begjæringen, skal begjæring om oppnevning av forsvarer sendes til tingretten. Sammen med begjæringen skal påtalemyndigheten opplyse om den pågrepne ønsker en bestemt forsvarer.

§ 9A-3. Fritt forsvarervalg

Når påtalemyndigheten skal oppnevne forsvarer, og den pågrepne ber om en bestemt forsvarer, skal denne oppnevnes etter reglene i straffeprosessloven § 102 første ledd.

§ 9A-4. Hvem som ellers skal oppnevnes

Når den pågrepne ikke har bedt om en bestemt forsvarer, eller den som er ønsket er forhindret fra å påta seg vervet, skal påtalemyndigheten oppnevne den forsvarer som står for tur på en liste over faste forsvarere som påtalemyndigheten har innhentet fra den lokale tingretten.

Påtalemyndigheten må sørge for å holde listen over faste forsvarere à jour gjennom kontakt med tingretten.

Alle henvendelser til advokater som ledd i oppnevnelsen av forsvarer skal journalføres hos påtalemyndigheten.

§ 9A-5. Varigheten av oppnevningen

Påtalemyndighetens oppnevning av forsvarer gjelder fra oppnevningen og frem til den pågrepne løslates eller fremstilles for retten, eventuelt frem til retten på et tidligere tidspunkt behandler spørsmål om oppnevnelse av forsvarer, jf. § 9A-7.

§ 9A-6. Orientering til tingretten

Når påtalemyndigheten oppnevner forsvarer, skal den sende kopi av oppnevningen og siktelsen til tingretten.

§ 9A-7. Klage

Annen del. Etterforsking og avgjørelse av påtalespørsmålet

Den pågrepne kan bringe en unnlatelse av å oppnevne forsvarer og påtalemyndighetens avgjørelse av hvem som skal oppnevnes, inn for tingretten. Påtalemyndigheten skal være behjelpelig med straks å sende saken til retten.

Retten skal vurdere om påtalemyndighetens beslutning er i samsvar med straffeprosessloven. Retten kan gjøre de endringer i beslutningen som den anser hensiktsmessig.

§ 9A-8. Fastsetting av salær til forsvarer

Tingretten skal motta, kontrollere og honorere arbeidsoppgave og salærkrav fra forsvarer oppnevnt av påtalemyndigheten. Eventuell feilsending av arbeidsoppgave og salærkrav til påtalemyndigheten skal oversendes tingretten, med kopi til forsvareren.

Kap. 10. Kroppslig undersøkelse av mistenkte.

§ 10-1. Når kan mistenkte underkastes kroppslig undersøkelse

Kroppslig undersøkelse kan foretas overfor den som med skjellig grunn mistenktes for en handling som etter loven kan medføre frihetsstraff, når det antas å være av betydning for opplysningen av saken og ikke framstår som et uforholdsmessig inngrep. Hvis den det gjelder samtykker skriftlig, kan det innhentes biologisk materiale med sikte på å gjennomføre en DNA-analyse uten hensyn til om det foreligger skjellig grunn til mistanke.

Annen del. Etterforsking og avgjørelse av påtalespørsmålet

Dette gjelder selv om straff ikke kan idømmes på grunn av bestemmelsene i straffeloven § 44 eller § 46. Det gjelder også når tilstanden har medført at den mistenkte ikke har utvist skyld.

Bestemmelsene i denne instruksen gjør ingen endringer i adgangen til å foreta rent ytre undersøkelse av kropp og klær m.m. etter reglene om ransaking, jf. straffeprosessloven §§ 192 flg.

§ 10-2. Avgjørelse av retten om kroppslig undersøkelse

Uten mistenktes samtykke kan kroppslig undersøkelse bare foretas etter at retten ved kjennelse har gitt tillatelse til undersøkelsen.

Påtalemyndigheten avgjør om rettens tillatelse til kroppslig undersøkelse av mistenkte skal begjæres. Begjæringen skal inneholde en kort beskrivelse av den handling mistanken gjelder og grunnen til at undersøkelsen må antas å være av betydning for sakens opplysning. Videre skal begjæringen angi hva undersøkelsen skal gå ut på.

Før det treffes avgjørelse om kroppslig undersøkelse av mistenkte, skal vedkommende så vidt mulig og tilrådelig få adgang til å uttale seg.

§ 10-3. Avgjørelse av påtalemyndigheten om kroppslig undersøkelse

Dersom formålet med undersøkelsen ellers kunne forspilles, kan påtalemyndigheten på egen hånd gi ordre om at det skal foretas kroppslig undersøkelse av mistenkte. Slik ordre trer i så fall istedenfor kjennelse av retten.

Ordren skal være skriftlig og grunngitt. Den skal angi hva undersøkelsen skal gå ut på. Dersom formålet med undersøkelsen ellers kunne forspilles, kan ordren gis muntlig, men den skal i så fall nedtegnes snarest mulig.

Reglene i § 10-2 tredje ledd gjelder tilsvarende.

§ 10-4. Begrensninger i undersøkelsesadgangen m.m.

Kroppslig undersøkelse kan bare foretas i den utstrekning det kan skje uten fare eller betydelig smerte for mistenkte. Det må ikke foretas gastroskopi (mageundersøkelse) eller tas urinprøve ved bruk av kateter.

For øvrig skal undersøkelsen alltid foretas så hensynsfullt som mulig. Den skal ikke være mer inngripende enn det som er nødvendig, og skal utføres på en minst mulig krenkende måte.

Det må bare brukes makt i det omfang og så lenge det er nødvendig for å gjennomføre undersøkelsen på tilfredsstillende måte. Det kan ikke brukes makt som innebærer fare eller betydelig smerte for mistenkte.

Annen del. Etterforsking og avgjørelse av påtalespørsmålet

§ 10-5. Hvem som kan foreta kroppslig undersøkelse

Følgende undersøkelser må bare utføres av kvalifisert helsepersonell og fortrinnsvis, når det kan skje uten at formålet med undersøkelsen forspilles, av lege eller etter forordning av lege i det enkelte tilfelle:

a) Blodprøvetaking

b) Undersøkelse ved bruk av røntgen

c) Undersøkelse av rektum eller vagina

d) Undersøkelse ved klyster eller tilføring av brekkmiddel eller avføringsmiddel

e) Andre inngrep som krever medisinsk sakkunnskap.

Undersøkelse ved klyster eller tilføring av brekkmiddel eller avføringsmiddel som ikke utføres av lege, må bare foretas under overoppsyn av lege. Undersøkelse med bruk av rektoskop må bare foretas av lege.

For øvrig kan kroppslig undersøkelse, så som urinprøve, utåndingsprøve (alcotest) og undersøkelse av munnhule, utføres av politiet.

§ 10-6. Den praktiske gjennomføring av undersøkelsen

Annen del. Etterforsking og avgjørelse av påtalespørsmålet

Før undersøkelsen utføres, skal kjennelsen eller ordren om kroppslig undersøkelse leses opp for eller forevises mistenkte. Foreligger det ikke skriftlig beslutning, skal det opplyses hva saken gjelder og hva undersøkelsen skal gå ut på.

Ved undersøkelsen skal det bare være til stede personer som trengs av hensyn til gjennomføringen av undersøkelsen. De tilstedeværende har plikt til å bevare taushet overfor uvedkommende om hva de har iakttatt.

Når hensynet til ærbarhet tilsier det, skal de tilstedeværende personer så vidt mulig være av samme kjønn som mistenkte. Dette gjelder likevel ikke for helsepersonell som tar del i undersøkelsen.

Når undersøkelsen foretas, skal det så vidt mulig være til stede et vitne som ikke er ugild etter reglene i domstolsloven § 110 annet ledd.

Undersøkelse av mer omfattende eller intim karakter kan bare foretas innendørs og i et eget avskilt rom.

§ 10-7. Skriftlig erklæring om undersøkelsen

Sakkyndige som bistår påtalemyndigheten, skal gi en skriftlig erklæring om undersøkelsen etter reglene i straffeprosessloven § 153 tredje ledd.

Dersom undersøkelsen blir foretatt av politiet, jf. § 10-5 siste ledd, skal en tilsvarende skriftlig erklæring gis av

Annen del. Etterforsking og avgjørelse av påtalespørsmålet

vedkommende polititjenestemann.

§ 10-8. Rapport

Det skal på stedet eller snarest mulig settes opp en rapport over kroppslig undersøkelse som blir foretatt etter reglene i straffeprosessloven § 157. Rapporten skal gi opplysning om:

a) Mistenktes navn, fødselsdata og bopel og hva mistanken gjelder

b) Rettens kjennelse, eventuelt påtalemyndighetens ordre om undersøkelsen

c) Hvem som har foretatt undersøkelsen og når den fant sted

d) Hva slags undersøkelse som ble foretatt og resultatet av den, eventuelt ved en henvisning til den skriftlige erklæringen som utarbeides i samband med undersøkelsen.

Rapporten skal undertegnes av rapportskriveren og i tilfelle av vitnet.

Når rapporten gjelder kroppslig undersøkelse som nevnt i § 10-5 første ledd bokstavene b til e, skal det tas en ekstra gjenpart som arkiveres særskilt til bruk for innrapportering etter § 10-9.

§ 10-9. Innrapportering m.m.

Ved hvert årsskifte skal gjenpart av de rapporter som er nevnt i § 10-8 tredje ledd sendes til riksadvokaten.

Riksadvokaten fører statistikk over de ulike typer kroppslige undersøkelser som det kommer inn rapport om. Riksadvokaten sender for hvert år statistikken til Justisdepartementet med de merknader han mener saken måtte foranledige.

Departementet kan innhente nærmere opplysninger om politiets og påtalemyndighetens behandling av saker hvor det er begjært eller foretatt kroppslige undersøkelser - både generelt og med henblikk på konkrete saker.

Kap. 11. Fingeravtrykk og fotografering av mistenkte m.m.

§ 11-1. Adgang til å ta fingeravtrykk og fotografi av mistenkte

Når det anses nødvendig for å oppklare en straffesak som kan medføre frihetsstraff, kan det tas fingeravtrykk og fotografi av enhver som er mistenkt i saken. Det gjelder selv om straff ikke kan idømmes på grunn av reglene i straffeloven § 44 og § 46. Det gjelder også når tilstanden har medført at den mistenkte ikke har utvist skyld.

Fingeravtrykk og fotografi som er tatt i medhold av første ledd, må ikke tas inn i de registre som føres, uten at vilkårene i § 11-2 for å foreta slik registrering foreligger. Når fingeravtrykk og fotografi sendes Kriminalpolitisentralen for

Annen del. Etterforsking og avgjørelse av påtalespørsmålet

registrering, skal det gis de opplysninger som er nødvendige for å avgjøre om vilkårene for registrering er til stede.

§ 11-2. Adgang til å ta fingeravtrykk og fotografi i registreringsøyemed

I registreringsøyemed kan det tas fingeravtrykk og fotografi av enhver som

a) er siktet eller dømt for en straffbar handling som kan medføre frihetsstraff

b) er besluttet utlevert til en annen stat.

I følgende tilfeller skal det tas fingeravtrykk og fotografi:

a) av personer som begjæres fengslet mistenkt for en forbrytelse

b) av personer som settes inn til soning av dom på ubetinget frihetsstraff for forbrytelse

c) av personer som besluttes sikret i lukket anstalt i henhold til straffeloven § 39 nr. 1 e) og f)

d) av personer som er besluttet utvist

e) av ukjent lik.

Når det er behov for det, kan det tas nytt fotografi av siktede som er varetektsfengslet eller som soner en dom eller er sikret i lukket anstalt.

Dersom en person som nevnt i første ledd a) får sin sak endelig avgjort på en måte som ikke tilkjennegir at han er skyldig, skal fingeravtrykk og fotografi som er registrert i anledning saken, tilintetgjøres. Det gjelder likevel ikke dersom vilkårene for registrering i forbindelse med en annen sak er til stede. Politiet underretter Kriminalpolitisentralen om avgjørelse som innebærer at registrert fingeravtrykk og fotografi skal tilintetgjøres.

Riksadvokaten kan gi nærmere regler om i hvilken utstrekning det skal tas fingeravtrykk og fotografi etter bestemmelsene i første ledd.

I registreringsøyemed skal det tas fingeravtrykk av alle ansatte i politi som kan få kontakt med åsteder eller bevismateriale.

§ 11-3. Fremgangsmåten når det tas fingeravtrykk og fotografi

Fingeravtrykk tas av politiet. Det samme gjelder fotografering med mindre politiet finner det hensiktsmessig å be fengselsmyndighetene om dette, jf. fengselsreglementet 1 august 1977 § 44.5.

Sjefen for Kriminalpolitisentralen kan gi nærmere regler om hvordan fingeravtrykk og fotografi skal tas.

Annen del. Etterforsking og avgjørelse av påtalespørsmålet

§ 11-4. Tvangsgjennomføring av fingeravtrykk og fotografi

Nekter noen å medvirke til at det tas fingeravtrykk og fotografi av ham, må det ikke brukes makt uten at retten ved beslutning har avgjort at vilkårene for å ta fingeravtrykk og fotografi er til stede.

§ 11-5. Registrering og oppbevaring av fingeravtrykk og fotografi

Fingeravtrykk og fotografi som er tatt i medhold av § 11-2, skal registreres og oppbevares ved Kriminalpolitisentralen etter nærmere regler gitt av sjefen for sentralen.

Dubletter av fingeravtrykk og fotografi som nevnt i første ledd kan registreres og oppbevares i lokale politiregistre.

Fingeravtrykk og fotografi skal oppbevares slik at uvedkommende ikke får adgang til dem. De bør fjernes fra registrene når registerføreren blir oppmerksom på at vedkommende er død eller de av andre grunner ikke lenger antas å ha noen interesse.

Kap. 11a. [opphevet]

§§ 11a-1;11a-2; 11a-3; 11a-4; 11a-5; 11a-6; 11a-7; 11a-8; 11a-9; 11a-10; 11a-11; 11a-12; 11a-13. [opphevet]

Annen del. Etterforsking og avgjørelse av påtalespørsmålet

Kap. 12. Bistand fra sakkyndige.

§ 12-1. Politiets anmodning om bistand fra sakkyndige

Dersom det blir aktuelt å søke bistand hos sakkyndige utenfor politiet til bruk for etterforskingen, jf. straffeprosessloven § 148, skal oppdragets formål og omfang angis skriftlig. Haster saken, kan foreløpig begjæring settes fram muntlig. Når det antas at en sakkyndig gransking vil medføre betydelige utgifter for det offentlige, bør saken forelegges statsadvokaten før det treffes beslutning om slik gransking.

Begjæringen om rettsmedisinsk bistand skal fremsettes overfor Rettsmedisinsk institutt. Dersom det ved slikt opphold er stor fare for at etterforskningen vil lide, kan likevel den bistand som ikke kan vente, søkes direkte hos den sakkyndige.

§ 12-2. Rettslig oppnevning av sakkyndige

Når påtalemyndigheten ber retten foreta oppnevning av sakkyndige, skal den skriftlig angi hva som i tilfelle ønskes undersøkt og hva som det ønskes uttalelse om. I påtrengende tilfelle kan foreløpig begjæring settes fram muntlig. Må det antas at en sakkyndig gransking vil medføre betydelige utgifter for det offentlige, bør saken forelegges statsadvokaten før det anmodes om rettens oppnevning av sakkyndige. Saken skal alltid forelegges statsadvokaten før det begjæres oppnevnt sakkyndige til å foreta mentalobservasjon.

Annen del. Etterforsking og avgjørelse av påtalespørsmålet

§ 12-3. Bistand fra forvaltningsorganer

Riksadvokaten kan gi nærmere retningslinjer om politiets bruk av sakkyndig bistand fra andre offentlige organer.

Kap. 13. Sakkyndig likundersøkelse.

§ 13-1. Sakkyndig likundersøkelse ved mistanke om straffbar handling og funn av ukjent lik

Politiet skal påse at sakkyndig likundersøkelse foretas når det er grunn til mistanke om at noens død er voldt ved en straffbar handling. Det samme gjelder når en person finnes død uten at vedkommendes identitet straks kan bringes på det rene.

§ 13-2. Sakkyndig likundersøkelse i andre tilfeller

Politiet bør i alminnelighet sørge for at sakkyndig likundersøkelse foretas når dødsårsaken er uviss og antas å kunne skyldes

a) selvmord eller selvvoldt skade

b) ulykkestilfelle

c) yrkesskade eller yrkessykdom

Annen del. Etterforsking og avgjørelse av påtalespørsmålet

d) feil, forsømmelse eller uhell ved medisinsk undersøkelse eller behandling av sykdom eller skade.

Det samme gjelder når dødsårsaken er uviss og døden er inntrådt plutselig og uventet, særlig dersom vedkommende antas å ha vært alene i dødsøyeblikket.

Politiet skal påse at sakkyndig likundersøkelse foretas når et barn under 18 år dør utenfor helseinstitusjon og dødsårsaken er uviss, med mindre særlige grunner gjør det ubetenkelig å unnlate slik undersøkelse.

Politiet bør også i alminnelighet sørge for at sakkyndig likundersøkelse foretas når dødsårsaken er uviss og dødsfallet har skjedd i fengsel, arrestlokale eller under administrativ frihetsberøvelse.

Bestemmelsene i første til fjerde ledd er ikke til hinder for at sakkyndig likundersøkelse også ellers kan foretas når lovens vilkår er oppfylt.

§ 13-3. Varsling av avdødes nærmeste

Før sakkyndig likundersøkelse foretas etter § 13-2, bør avdødes pårørende om mulig varsles og gis høve til å uttale seg.

§ 13-4. Gjennomføring av sakkyndig likundersøkelse

Sakkyndig likundersøkelse bør foretas som likåpning når

ikke likskue anses tilstrekkelig.

Kap. 14. Personundersøkelse.

§ 14-1. Når skal personundersøkelse foretas

Personundersøkelse av siktede skal foretas når det vil kunne bli aktuelt med tilsyn i forbindelse med betinget dom eller påtaleunnlatelse.

For øvrig skal personundersøkelse av siktede som regel foretas når det antas å ha betydning for avgjørelsen om straff eller andre forholdsregler. Ved avgjørelsen om personundersøkelse skal foretas, skal det særlig legges vekt på siktedes alder og miljøforhold, sakens alvor, undersøkelsens betydning for sakens avgjørelse og om undersøkelsen vil kunne føre til en uheldig forsinkelse av saken.

Dersom det tidligere har vært utført personundersøkelse av siktede, bør det innhentes tilleggsopplysninger fra kontoret for kriminalomsorg i frihet dersom undersøkelsen er eldre enn ett år.

§ 14-2. Fremgangsmåten når det treffes beslutning om personundersøkelse

Det bør så hurtig som mulig tas stilling til om det skal foretas personundersøkelse av siktede.

Før det treffes beslutning om personundersøkelse, bør siktede spørres om han samtykker i slik undersøkelse. Han bør i den forbindelse også kort forklares hva personundersøkelsen vil gå ut på. Han skal samtidig gjøres kjent med at hans samtykke likevel ikke er noe vilkår for at en slik undersøkelse kan foretas, jf. straffeprosessloven § 162.

§ 14-3. Iverksetting av beslutning om personundersøkelse

Når det er truffet beslutning om personundersøkelse, skal beslutningen og kopi av de nødvendige dokumenter sendes til vedkommende kontor for kriminalomsorg i frihet. Dette gjelder også når retten har oppnevnt en bestemt person til å foreta undersøkelsen.

Personundersøkelsen bør som regel utføres ved det kontor for kriminalomsorg i frihet der siktede bor eller for et lengre tidsrom oppholder seg.

Siktede skal snarest mulig varsles om at det er besluttet å foreta personundersøkelse av ham dersom han ikke tidligere har samtykket til dette.

Om utførelsen av personundersøkelsen gjelder ellers regler om personundersøkelse gitt av Justisdepartementet.

§ 14-4. Avgjørelsen av påtalespørsmålet når det er besluttet personundersøkelse

Annen del. Etterforsking og avgjørelse av påtalespørsmålet

Dersom politiet mener at en forbrytelsessak der påtalekompetansen ikke ligger til politiet, jf. straffeprosessloven § 67 annet ledd bokstav b til d, bør kunne avgjøres ved tilståelsesdom, skal det avvente resultatet av personundersøkelsen før saken sendes statsadvokaten med mindre sakens avgjørelse ellers ville bli forsinket i urimelig grad.

§ 14-5. Underretning til siktede om gjennomført personundersøkelse

Når undersøkelsen er gjennomført, bør siktede som regel gis underretning om dette og om at han vil kunne gjøre seg kjent med undersøkelsen etter de vanlige regler om dokumentinnsyn på etterforskingsstadiet, jf. kap. 16.

§ 14-6. Underretning til kontoret for kriminalomsorg i frihet om sakens avgjørelse

Har det vært utført personundersøkelse av siktede, skal politiet underrette vedkommende kontor for kriminalomsorg i frihet om sakens avgjørelse selv om denne ikke går ut på etablering av tilsyn.

Kap. 15. Rettslig avhør m.m.

§ 15-1. Når det bør begjæres rettslig avhør

Når vilkårene antas å være til stede for tilståelsesdom, bør

Annen del. Etterforsking og avgjørelse av påtalespørsmålet

saken sendes tingretten med begjæring om rettslig avhør av siktede og mulig pådømmelse.

For øvrig avgjøres etter en konkret vurdering om det er grunn til å begjære rettslig avhør av siktede og vitner i saken. Ved avgjørelsen legges bl.a. vekt på sakens viktighet, forklaringens betydning for saken og muligheten for at forklaring for politiet vil bli bestridt under hovedforhandlingen.

Bevisopptak til bruk for hovedforhandling skal normalt begjæres når vilkårene i straffeprosessloven § 237 annet ledd er oppfylt.

§ 15-2. Innholdet i begjæringen om rettslig avhør og observasjon

Når det under etterforskingen begjæres rettslig avhør eller bevisopptak til bruk for hovedforhandlingen, bør det gis en kort beskrivelse av det forhold etterforskingen gjelder. Videre bør det angis hvilke straffebestemmelser som er aktuelle, samt navn og adresse på de personer som ønskes avhørt og om de ønskes avhørt som siktet, vitne eller sakkyndig.

Ved begjæring om avhør av vitne under 14 år eller et vitne med psykisk utviklingshemming eller tilsvarende funksjonssvikt, skal det opplyses om man mener at det bør foretas avhør eller observasjon av vitnet etter reglene i straffeprosessloven § 239.

Annen del. Etterforsking og avgjørelse av påtalespørsmålet

§ 15-3. Anmodning om at retten overtar ledelsen av etterforskingen

Dersom det er skjellig grunn til mistanke om at riksadvokaten eller en statsadvokat har begått en straffbar handling utenfor tjenesten, bør retten anmodes om å overta etterforskingen, jfr. straffeprosessloven § 247. Det samme gjelder når andre tjenestemenn innen påtalemyndigheten mistenkes for overtredelse av bestemmelser i straffeloven kap. 11, når overtredelsen er begått utenfor tjenesten.

Spørsmålet om retten skal anmodes om å overta etterforskingens ledelse avgjøres av riksadvokaten, eventuelt statsadvokaten dersom det er riksadvokaten som er mistenkt i saken.

Tiltalespørsmålet avgjøres etter vanlige regler, se straffeprosessloven §§ 64 til 67 [64, 65, 66, 67].

§ 15-4. Påtalemyndighetens fremmøte i rettsmøte under etterforskingen

Påtalemyndigheten skal møte ved rettsmøte til behandling av spørsmålet om fengsling, med mindre særlige forhold gjør det upåkrevd.

Også ved andre rettsmøter i tingretten utenfor hovedforhandling bør påtalemyndigheten som regel møte. Blir rettsmøte holdt med sikte på tilståelsesdom, jf. straffeprosessloven § 248, gjelder dette likevel bare når det

Annen del. Etterforsking og avgjørelse av påtalespørsmålet

foreligger særlig grunn til at påtalemyndigheten bør møte.

Vedkommende tjenestemann innen påtalemyndigheten avgjør om han selv skal møte eller om dette skal overlates en underordnet tjenestemann. I enklere saker kan det overlates til en polititjenestemann som ikke hører til påtalemyndigheten, å møte i rettsmøter i tingretten utenfor hovedforhandling på vegne av påtalemyndigheten. Dette bør dog ikke gjøres i saker hvor siktede møter med forsvarer eller hvor det kan bli spørsmål om ubetinget frihetsstraff i sak som fremmes etter straffeprosessloven § 248.

Kap. 16. Mistenktes, forsvarerens og andres rett til dokumentinnsyn på etterforskingsstadiet.

§ 16-1. Mistenktes og forsvarerens rett til dokumentinnsyn

Mistenkte og hans forsvarer har rett til å gjøre seg kjent med sakens dokumenter etter reglene i straffeprosessloven § 242.

§ 16-2. Forsvarerens rett til kopi av saksdokumentene

Etter anmodning skal politiet så langt råd er gi forsvareren kopi av dokumenter som han har rett til å gjøre seg kjent med i saken. Dersom politiet finner det hensiktsmessig, kan i stedet de originale saksdokumentene lånes ut til forsvareren. Det skal i så fall settes en tidsfrist for utlånet.

Retten til kopi i første ledd gjelder ikke dokumenter som

Annen del. Etterforsking og avgjørelse av påtalespørsmålet

omhandlet i kapittel 8A.

§ 16-3. Gjennomføringen av mistenktes rett til å gjøre seg kjent med saksdokumentene

Dokumenter som mistenkte har rett til å gjøre seg kjent med i saken, leses opp for ham eller han gis anledning til selv å lese dem i politiets eller forsvarerens nærvær.

Når det anses ubetenkelig, kan politiet tillate at mistenkte gis kopi av dokumentene.

§ 16-4. Fornærmedes og etterlattes rett til kopi av saksdokumentene

Fornærmede og etterlatte i lovbestemt rekkefølge kan få kopi av sakens dokumenter i den grad det er nødvendig for at de skal kunne ivareta sine interesser i saken og det for øvrig anses ubetenkelig. Det samme gjelder andre som har fremmet sivile krav i saken.

Bistandsadvokaten skal få tilsendt kopi av forklaringen til sin klient. Fornærmede og etterlatte må ikke uten politiets samtykke selv gis kopi av egen forklaring i saken.

§ 16-5. Andres rett til utlån/kopi av saksdokumentene

Bestemmelsene i § 4-2 første ledd gjelder tilsvarende ved utlån av dokumentene i en straffesak som ikke er avsluttet.

Annen del. Etterforsking og avgjørelse av påtalespørsmålet

For øvrig kan dokumentene i en verserende straffesak bare lånes ut når særlige grunner foreligger og det anses ubetenkelig av hensyn til sakens videre behandling. Er utlånsbegjæringen begrunnet med at dokumentene ønskes benyttet som bevis i en sivil tvist, jf. tvisteloven § 21-5, kan de bare lånes ut etter begjæring av vedkommende domstol.

Bestemmelsene i §§ 4-2 fjerde ledd og 4-3 gjelder tilsvarende.

Kap. 17. Innstilling (henleggelse) og gjenopptakelse av straffeforfølgning mm.

§ 17-1. Innstilling av straffeforfølgning (henleggelse)

Er det ikke grunnlag for å fortsette en påbegynt etterforsking, kan politiet beslutte å innstille forfølgningen.

Når noen må anses som siktet i en sak hvor spørsmålet om tiltale hører under overordnet påtalemyndighet, skal likevel spørsmålet om å frafalle siktelsen eller om å henføre forholdet under et mildere straffebud som regel forelegges denne. Riksadvokaten kan dog beslutte å innstille forfølgningen mot en siktet selv om spørsmålet om tiltale hører under Kongen.

§ 17-2. Underretning om innstilling av straffeforfølgning

Innstilles en påbegynt strafforfølgning helt eller delvis, skal

Annen del. Etterforsking og avgjørelse av påtalespørsmålet

det straks gis skriftlig underretning om dette til:

a) den som forfølgningen har vært rettet mot,

b) fornærmede som har inngitt anmeldelse,

c) etterlatte i lovbestemt rekkefølge,

d) andre som har inngitt anmeldelse og som antas å ha rettslig klageinteresse,

e) vedkommende forvaltningsorgan når saken direkte gjelder dets sakområde,

f) bistandsadvokat.

I underretningen opplyses om at det kan klages over vedtaket til nærmeste overordnete påtalemyndighet, at klagen settes frem for den påtalemyndighet som har truffet vedtaket, og at klagefristen er tre uker fra underretning om vedtaket kom frem til klageren. Det skal normalt også gis opplysning om adgangen til å reise privat straffesak, jf. straffeprosessloven kapittel 28.

Underretning kan likevel unnlates, dersom den som forfølgningen har vært rettet mot, ikke har vært siktet, og det kan skade mulighetene for senere å oppklare saken at underretning gis. Det samme gjelder dersom underretning kan skade etterforskingen av andre saker fordi informasjon om saken eller om politiets metodebruk blir kjent.

§ 17-3. Dokumentasjon av beslutning om innstilling av straffeforfølgning og av underretning om innstilling

Beslutning om innstilling av straffeforfølgning skal være skriftlig og den skal dateres og underskrives av rette vedkommende. På samme måte skal det gjøres bemerkning om når, av hvem, på hvilken måte og til hvem underretning om beslutningen er sendt. Kopi av underretningen skal legges ved saken.

Beslutning om å unnlate å underrette om at straffeforfølgning er innstilt, jf. § 17-2 tredje ledd, skal fremgå på samme måte.

§ 17-4. Saken stilles i bero

Stilles saken foreløpig i bero i medhold av straffeprosessloven §§ 250 og 251 annet ledd, skal siktede og eventuelt hans verge underrettes om dette såfremt deres oppholdssted er kjent. Underretning gis i samsvar med § 17-2 første ledd. Bestemmelsene i § 17-3 får tilsvarende anvendelse.

§ 17-5. Gjenåpning av innstilt straffeforfølgning

Dersom politiet i en forbrytelsessak der påtalekompetansen ikke ligger til politiet, jf. straffeprosessloven § 67 annet ledd bokstav b til d, hvor en person har vært siktet, mener at strafforfølgningen bør tas opp på ny fordi det etter innstilling av saken er oppdaget bevis av vekt, jf. straffeprosessloven §

Annen del. Etterforsking og avgjørelse av påtalespørsmålet

74 første ledd, skal saken forelegges statsadvokaten så snart det foreligger tilstrekkelige opplysninger til å avgjøre spørsmålet.

§ 17-6. Underretning om at borgerlig rettskrav nektes fremmet

Den umiddelbart skadelidende ved en straffbar handling skal straks underrettes om en beslutning om at et borgerlig rettskrav han eller hun har i straffesaken nektes fremmet. I underretningen skal det opplyses om klageadgangen etter straffeprosessloven § 59a første ledd første punktum nr. 6, muligheten for selv å fremme kravet etter straffeprosessloven § 428 såfremt hovedforhandling blir holdt, og at det vil bli gitt en kort frist for å fremsette slikt krav overfor retten dersom det blir tatt ut tiltale.

Kap. 18. Påtaleunnlatelse.

§ 18-1. Uttalelse fra siktede og fra andre myndigheter om vilkår for påtaleunnlatelse

Dersom det kan bli spørsmål om å unnlate påtale på vilkår som nevnt i straffeprosessloven § 69 tredje ledd, skal siktede på forhånd gis adgang til å uttale seg om de aktuelle vilkår. Det samme gjelder dersom det i prøvetiden blir spørsmål om å oppheve eller endre vilkår som er fastsatt og sette nye vilkår.

I tilfelle som nevnt i første ledd bør det også innhentes

Annen del. Etterforsking og avgjørelse av påtalespørsmålet

uttalelse fra vedkommende kontor for kriminalomsorg i frihet.

Før det eventuelt stilles vilkår om at siktede tar opphold i heim eller institusjon, jf. straffeloven § 53 nr. 3 d til f, må det bringes på det rene om vedkommende heim eller institusjon kan ta imot siktede.

§ 18-2. Kompetanse til å treffe beslutning om påtaleunnlatelse

Politiet avgjør spørsmålet om påtaleunnlatelse i saker om forseelse, hvis ikke tiltalespørsmålet hører under Kongen. I saker om forbrytelse avgjøres spørsmålet om påtaleunnlatelse av statsadvokaten, hvis ikke avgjørelsen hører under riksadvokaten eller Kongen. Spørsmålet om påtaleunnlatelse avgjøres likevel av politiet i forbrytelsessaker der påtalekompetansen ligger til politiet, jf. straffeprosessloven § 67 annet ledd bokstav b til d.

Mener politiet at en sak om forbrytelse der påtalekompetansen ikke ligger til politiet, jf. straffeprosessloven § 67 annet ledd bokstav b til d, bør avgjøres ved påtaleunnlatelse, skal saken forelegges statsadvokaten til avgjørelse. Foreslås påtaleunnlatelse etter straffeprosessloven § 69, skal det utferdiges siktelse.

I politiets innstilling bør det gis en nærmere begrunnelse for hvorfor saken bør avgjøres ved påtaleunnlatelse. Det skal også angis hvilke vilkår som eventuelt bør settes for å unnlate påtale. Har den straffbare handlingen påført andre økonomisk skade, skal forslaget inneholde en konkret vurdering av mulig erstatningsvilkår, jf straffeloven § 53 nr 4.

Bestemmelsene i annet og tredje ledd gjelder tilsvarende når statsadvokaten eller riksadvokaten avgir innstilling til henholdsvis riksadvokaten eller Kongen.

§ 18-3. Underretning til siktede om påtaleunnlatelse etter straffeprosessloven § 69

Siktede (og verger) skal ha skriftlig underretning om påtaleunnlatelsen og om eventuelle vilkår som er satt for påtaleunnlatelsen. I underretningen skal det også gis opplysning om siktedes adgang til å kreve at påtalemyndigheten bringer saken inn for retten og at slikt krav må settes fram innen en måned etter at siktede har mottatt meldingen om påtaleunnlatelse. Kopi av siktelsen vedlegges underretningen.

Dersom siktede ikke forstår norsk, skal avgjørelsen oversettes etter reglene i § 2-8.

Siktede bør også gis muntlig orientering om hva det betyr at det er gitt påtaleunnlatelse, hva vilkårene går ut på og følgene av at de ikke blir overholdt. Samtidig bør det gis siktede en etter omstendighetene avpasset advarsel og formaning. Er siktede under 18 år eller fratatt rettslig handleevne, bør vergene være til stede.

Annen del. Etterforsking og avgjørelse av påtalespørsmålet

§ 18-4. Underretning til tilsynsmyndigheten

Er siktede satt under tilsyn, skal skriftlig underretning om dette snarest sendes til vedkommende kontor for kriminalomsorg i frihet med anmodning om å sette tilsynet i verk. Samtidig oversendes kopi av beslutningen om påtaleunnlatelse og eventuell personaliarapport om siktede.

§ 18-5. Underretning til klageberettigete om påtaleunntalelse etter straffeprosessloven § 69

Når saken er avgjort ved påtaleunnlatelse skal det straks gis skriftlig underretning til:

a) fornærmede som har inngitt anmeldelse,

b) etterlatte i lovbestemt rekkefølge,

c) andre som har inngitt anmeldelse og som antas å ha rettslig klageinteresse,

d) vedkommende forvaltningsorgan når saken direkte gjelder dets saksområde,

e) bistandsadvokat.

I underretningen opplyses om at det kan klages over vedtaket til nærmeste overordnete påtalemyndighet, at klagen skal settes frem for den påtalemyndighet som har truffet vedtaket, og at klagefristen er tre uker fra underretning om vedtaket kom frem til klageren. Er det som

Annen del. Etterforsking og avgjørelse av påtalespørsmålet

vilkår for påtaleunnlatelsen bestemt at siktede skal betale erstatning, skal det også gis opplysning om dette. Andre vilkår gis det opplysning om etter behov.

§ 18-6. Underretning om påtaleunnlatelse etter straffeprosessloven § 70

For underretning om påtaleunnlatelse etter straffeprosessloven § 70 gjelder bestemmelsen i § 17-2 tilsvarende, men med unntak av annet ledd annet punktum.

§ 18-7. Dokumentasjon av beslutning om påtaleunnlatelse og av underretning om påtaleunnlatelse

Bestemmelsene i § 17-3 gjelder tilsvarende.

Kap. 18 A. Overføring av straffesak til megling i konfliktråd.

§ 18 A-1. Beslutning om overføring av sak til megling i konfliktråd

Med mindre saken omfattes av straffeprosessloven §§ 64 og 65 eller annet er bestemt av riksadvokaten, treffes beslutning om overføring til megling i konfliktråd av påtalemyndigheten i politiet.

Påtalemyndigheten skal så tidlig som mulig i etterforskingen vurdere om saken egner seg for overføring til megling i konfliktråd. Riksadvokaten kan gi nærmere bestemmelser om hvilke saker som kan besluttes avgjort på denne måte.

Før en sak kan besluttes overført til megling i konfliktråd, skal det foreligge en formell anmeldelse fra fornærmede, med korrekt påtalebegjæring hvor det er krevet. Når saken gjelder flere lovovertredelser, må det ved oversendelsen til konfliktrådet fremgå hvilke forhold det er besluttet konfliktrådsmegling for. Riksadvokaten kan gi nærmere bestemmelser om saksbehandlingen, og kan herunder fastsette at saker kan oversendes til konfliktrådet uten at det foretas formelt avhør og utarbeides fullstendig personaliarapport, jf § 8-15.

§ 18 A-2. Oversendelse av sak - samtykke

I sak som antas egnet for konfliktrådsbehandling, skal politiet så snart som mulig innhente samtykke fra partene om eventuell overføring til konfliktrådet. Er siktede eller skadelidte under 18 år skal også samtykke fra vergen innhentes.

Saken skal normalt behandles av konfliktrådet i den kommune hvor siktede bor eller oppholder seg. Er det flere siktede, bør saken behandles der hvor de fleste siktede, eller partene hvis forholdet mellom de siktede står likt, bor eller oppholder seg. Hvor det finnes hensiktsmessig, kan påtalemyndigheten beslutte å fremme saken for annet konfliktråd enn det som følger av bestemmelsen foran.

Partene skal gis melding om overføring av saken til

Annen del. Etterforsking og avgjørelse av påtalespørsmålet

konfliktrådet, med orientering om sakens videre behandling.

§ 18 A-3. Behandling av sak når konfliktrådsavtale ikke er kommet i stand eller er brutt

Gir konfliktrådet melding om at megling ikke er kommet i stand eller avtale ikke er inngått, fortsetter påtalemyndigheten behandling av saken.

Dersom konfliktrådet gir melding om at en inngått avtale er brutt, avgjør påtalemyndigheten etter innstilling fra konfliktrådet, om bruddet er så vesentlig at det skal åpnes for ny straffeforfølging etter konfliktrådsloven § 16. Ved vesentlig brudd på avtale kan det også besluttes ny megling. Avgjørelse av om konfliktrådsbehandling skal anses avsluttet og av om ny megling skal innledes, kan treffes etter bestemmelsen i § 18 A-1 første ledd.

§ 18 A-4. Avslutning av sak etter konfliktrådsbehandling

Når politiet mottar konfliktrådets underretning om at den inngåtte avtalen er oppfylt, gis partene underretning om at saken er avsluttet. Det samme gjelder når påtalemyndigheten anser konfliktrådsmegling som avsluttet i henhold til § 18 A-3 annet ledd.

Kap. 19. (Opphevet ved res. 27 aug 1993 nr. 828.)

Annen del. Etterforsking og avgjørelse av påtalespørsmålet

Kap. 20. Utferdigelse av forelegg.

§ 20-1. Avgjørelse av saken ved forelegg

Finner påtalemyndigheten at en sak bør avgjøres med bot eller inndragning, eller begge deler, bør den utferdige forelegg i stedet for å reise tiltale. Det samme gjelder når den finner at en militær straffesak bør avgjøres ved arrest.

§ 20-2. Foreleggets innhold

Forelegget skal inneholde:

1) siktedes navn og bopel, samt fødselsnummer,

2) opplysning om hvilket straffebud som er anvendt, med angivelse av innholdet så langt det er av betydning i saken,

3) en kort, men så vidt mulig nøyaktig beskrivelse av det forhold forelegget gjelder, med opplysning om tid og sted,

4) fastsetting av den bot og i tilfelle den inndragning som kreves, og den fengselsstraff som inntrer om boten ikke blir betalt, og i militær straffesak av antallet arrestdager som ilegges,

5) oppfordring til siktede om innen en fastsatt frist å erklære om han vedtar forelegget. Fristen fastsettes slik at han får en betenkningstid som i alminnelighet bør være fra 3 til 10 dager.

Annen del. Etterforsking og avgjørelse av påtalespørsmålet

Et forelegg kan også omfatte bestemmelse om at siktede skal betale til den berettigede pengekrav som går inn under straffeprosessloven § 3. Finner påtalemyndigheten at opplysningene i saken er utilstrekkelige til at størrelsen av kravet kan fastsettes, kan den ta med i forelegget den del av kravet som den finner godtgjort. Det må settes frist for oppfyllelse av kravet etter reglene i tvistemålsloven §§ 146 og 148. Det bør i tilfelle opplyses om at den som mener å ha ytterligere krav enn det som er tatt med i forelegget, vil kunne reise sak om restkravet etter reglene i tvistemålsloven.

Et forelegg kan også omfatte bestemmelse om at siktede skal betale saksomkostninger til staten, jf. straffeprosessloven kap. 30.

Forelegget skal dateres og være undertegnet av vedkommende tjenestemann i påtalemyndigheten. Dersom forelegget er utferdiget etter beslutning fra overordnet påtalemyndighet, jf. § 20-4, skal dette gå fram av forelegget.

§ 20-3. Kompetanse til å utferdige forelegg

Politiet utferdiger forelegg i saker om forseelse, hvis ikke tiltalespørsmålet hører under Kongen. Ved overtredelse av straffeloven § 326, § 327 eller § 330 skal saken i mer alvorlige tilfeller likevel først forelegges statsadvokaten etter reglene i tredje og fjerde ledd nedenfor. Saken skal også forelegges statsadvokaten når den antas å ha særlig stor allmenn interesse eller når overordnet påtalemyndighet ellers har bestemt det.

Annen del. Etterforsking og avgjørelse av påtalespørsmålet

Politiet kan utferdige forelegg i forbrytelsessaker der påtalekompetansen ligger til politiet, jf. straffeprosessloven § 67 annet ledd bokstav b til d. For saker som antas å ha særlig stor allmenn interesse, gjelder reglene i tredje og fjerde ledd nedenfor tilsvarende.

Mener politiet at det bør utferdiges forelegg i en forbrytelsessak hvor politiet ikke har kompetanse etter annet ledd første punktum, skal saken sendes statsadvokaten med utferdiget siktelse.

I politiets innstilling skal det gis uttalelse om størrelsen av boten og den subsidiære frihetsstraff, samt om den inndragning eller de erstatnings- eller omkostningskrav som det kan bli spørsmål om å la forelegget omfatte.

Statsadvokaten avgjør om forelegg skal utferdiges i en forbrytelsessak, hvis ikke tiltalespørsmålet hører under riksadvokaten eller Kongen eller forelegg kan utferdiges av politiet etter annet ledd. Har en sak særlig stor allmenn interesse, skal den forelegges for riksadvokaten.

Bestemmelsene i tredje og fjerde ledd gjelder tilsvarende når statsadvokaten og riksadvokaten avgir innstilling til henholdsvis riksadvokaten og Kongen.

§ 20-4. Adgang til å overlate til underordnet påtalemyndighet å utferdige forelegg

Når et forelegg er besluttet utferdiget av statsadvokaten, kan det overlates til politiet å foreta selve utferdigelsen av

Annen del. Etterforsking og avgjørelse av påtalespørsmålet

forelegget. I så fall må beslutningen inneholde nærmere bestemmelse om størrelsen av boten og den subsidiære frihetsstraff, eventuelt inndragningen og erstatnings- eller omkostningskravet. Beslutningen bør også inneholde nærmere bestemmelse for tilfelle av at forelegget ikke vedtas.

Bestemmelsene i første ledd gjelder også når det er Kongen eller riksadvokaten som har besluttet å avgjøre saken ved utferdigelse av forelegg.

§ 20-5. Meddelelse av forelegg

Forelegget meddeles siktede og eventuelle verger etter reglene i domstolsloven § 186. Forkynning av forelegget kan foretas når det etter forholdene anses nødvendig. Siktede skal ha kopi av forelegget. Samtidig med meddelelsen eller forkynningen skal siktede gis en skriftlig orientering om foreleggsordningen og om fremgangsmåten dersom han ønsker å vedta forelegget.

Dersom siktede ikke forstår norsk, skal forelegget oversettes etter reglene i § 2-8.

§ 20-6. Vedtakelse av forelegg

Siktedes og vergenes vedtakelse av forelegget gis ved påtegning på forelegget. Offentlig tjenestemann som mottar forelegg vedtatt av siktede, skal gi påtegning på forelegget om hvilken dag det er mottatt.

Annen del. Etterforsking og avgjørelse av påtalespørsmålet

§ 20-7. Underretning om vedtatt forelegg

Når saken er avgjort ved vedtatt forelegg, skal det straks gis skriftlig underretning til:

a) fornærmede som har inngitt anmeldelse,

b) etterlatte i lovbestemt rekkefølge,

c) andre som har inngitt anmeldelse og som antas å ha rettslig klageinteresse,

d) vedkommende forvaltningsorgan når saken direkte gjelder dets sakområde,

e) bistandsadvokat.

§ 20-8. Behandling av forelegg som ikke vedtas

Når forelegg ikke vedtas eller vedtakelseserklæring ikke er kommet inn innen betenkningstidens utløp, kan påtalemyndigheten sende saken til retten med begjæring om pådømmelse under henvisning til at forelegget trer i stedet for tiltalebeslutning, jf. straffeprosessloven § 268. Dersom forelegget ikke vedtas fordi siktede er uenig i botens størrelse, bør saken om mulig sendes tingretten til pådømmelse etter reglene i straffeprosessloven § 248.

Saken oversendes retten av politiet. Er forelegget utferdiget

Annen del. Etterforsking og avgjørelse av påtalespørsmålet

etter beslutning av overordnet påtalemyndighet, må saken likevel først forelegges denne dersom det ikke er truffet bestemmelse om sakens behandling ved ikke-vedtakelse av forelegget, jf. § 20-4 første ledd tredje punktum, eller sakens forhold ellers tilsier det.

§ 20-9. Oppheving av forelegg

Til gunst for siktede kan et vedtatt forelegg oppheves av overordnet påtalemyndighet. Opphevingen berører ikke pengekrav for den berettigede som er tatt med i forelegget.

§ 20-10. Forelegg utferdiget av særskilt myndighet

I de tilfeller hvor særskilt myndighet er gitt kompetanse til å utferdige forelegg, gjelder bestemmelsene i dette kapitlet tilsvarende så langt de passer.

§ 20-11. Forenklet forelegg

Forenklet forelegg etter vegtrafikkloven § 31b og tolloven § 16-9 utferdiges etter de regler som er gitt i medhold av disse bestemmelsene.

Kap. 21. Tilståelsesdom

§ 21-1. Kompetanse til å begjære en sak pådømt etter straffeprosessloven § 248 (tilståelsesdom)

I sak om forseelse avgjør politiet om saken skal begjæres pådømt etter straffeprosessloven § 248 (tilståelsesdom), hvis ikke tiltalespørsmålet hører under Kongen. Ved overtredelse av straffeloven § 326, § 327 eller § 330 skal saken likevel forelegges statsadvokaten til avgjørelse etter reglene i fjerde ledd. Det samme gjelder når saken antas å ha særlig stor allmenn interesse eller når overordnet påtalemyndighet ellers har bestemt det.

I forbrytelsessaker der påtalekompetansen ligger til politiet, jf. straffeprosessloven § 67 annet ledd bokstav b til d, avgjør politiet om saken skal begjæres pådømt etter straffeprosessloven § 248 (tilståelsesdom). Saken skal likevel forelegges statsadvokaten til avgjørelse etter fjerde ledd, når saken antas å ha særlig stor allmenn interesse eller når overordnet påtalemyndighet ellers har bestemt det.

I forbrytelsessaker der påtalekompetansen ikke ligger til politiet, jf. straffeprosessloven § 67 annet ledd bokstav b til d, avgjør statsadvokaten om saken skal begjæres pådømt etter straffeprosessloven § 248 (tilståelsesdom), med mindre tiltalespørsmålet hører under riksadvokaten eller Kongen. Har en sak særlig stor allmenn interesse, skal den forelegges for riksadvokaten.

Mener politiet at en forbrytelsessak der påtalekompetansen ikke ligger til politiet, jf. straffeprosessloven § 67 annet ledd

Annen del. Etterforsking og avgjørelse av påtalespørsmålet

bokstav b til d, bør avgjøres ved tilståelsesdom, skal saken forelegges statsadvokaten med utferdiget siktelse. Dersom straffeloven § 54 nr. 3 eller § 64 annet ledd eller fengselsloven § 41 kommer til anvendelse, skal kopi av den tidligere dommen vedlegges. I innstillingen skal politiet gi uttalelse om forhold som nevnt i § 21-2. I saker hvor siktede er fengslet må politiet når saken sendes statsadvokaten, sørge for å ta de nødvendige kopier til bruk ved eventuell forlengelse av fengslingen.

Bestemmelsene i fjerde ledd gjelder tilsvarende når statsadvokaten eller riksadvokaten avgir innstilling til henholdsvis riksadvokaten eller Kongen.

§ 21-2. Orientering til retten om påtalemyndighetens syn på straffespørsmålet m.m.

Den som treffer beslutning om å oversende saken til pådømmelse etter reglene i straffeprosessloven § 248 (tilståelsesdom), skal til rettledning for retten som regel uttale seg om hva han mener er passende straff for handlingen og om de vilkår som i tilfelle bør settes for betinget dom. Videre bør han uttale seg om hvorvidt krav som nevnt i straffeprosessloven § 3 skal tas med ved pådømmelsen, og - når det foreligger et tilfelle som nevnt i straffeloven § 54 nr. 3 eller § 64 annet ledd eller fengselsloven § 41 - om hvordan bestemmelsen skal anvendes.

Ved oversendelsen av saken til retten skal det også gis underretning om siktede har forsvarer eller hvem han i

Annen del. Etterforsking og avgjørelse av påtalespørsmålet

tilfelle ønsker oppnevnt som offentlig forsvarer.

§ 21-3. Varsel til bistandsadvokat

Fornærmede med bistandsadvokat og bistandsadvokaten skal underrettes om at saken begjæres pådømt etter straffeprosessloven § 248 og gis kopi av siktelsen. Fornærmede med bistandsadvokat har klagerett over siktelsens innhold etter straffeprosessloven § 59a annet ledd annet punktum.

Påtalemyndigheten skal samtidig fastsette en frist for fornærmede for å fremsette krav som nevnt i straffeprosessloven § 3 overfor retten, jf. § 428 første ledd tredje punktum.

Fornærmede skal angi kravets størrelse, dets faktiske og rettslige grunnlag samt hvilke bevis som vil bli ført. Retten sender kopi av kravet til siktede og fastsetter en frist for bemerkninger til kravet.

Kap. 22. Utferdigelse av tiltalebeslutning.

§ 22-1. Tiltalebeslutningens innhold

Tiltalebeslutningen skal være underskrevet og datert. Den skal inneholde:

1) betegnelse av domstolen,

Annen del. Etterforsking og avgjørelse av påtalespørsmålet

2) tiltaltes navn og bopel, samt fødselsnummer,

3) opplysning om hvilket straffebud som påstås anvendt, med gjengivelse av innholdet så langt det er av betydning i saken,

4) en kort, men så vidt mulig nøyaktig beskrivelse av det forhold tiltalen gjelder, med opplysning om tid og sted.

Dersom påtalen ikke er ubetinget offentlig, skal det av tiltalebeslutningen gå fram at vilkårene for offentlig påtale foreligger.

Blir det gjort gjeldende andre krav enn straff, skal det opplyses om dette. Det bør opplyses om det vil bli satt fram krav om rettighetstap. Fremmer påtalemyndigheten krav etter straffeprosessloven § 427, bør det i bevisoppgaven spesifiseres hvilke bevis som knytter seg til kravet.

Er tiltalebeslutningen utferdiget etter beslutning av overordnet påtalemyndighet, jf. § 22-4, skal dette gå fram av tiltalebeslutningen.

§ 22-2. Kompetanse til å avgjøre tiltalespørsmålet

I tilfeller der påtalekompetansen ligger til politiet, jf. straffeprosessloven § 67 annet ledd, skal spørsmålet om tiltale likevel forelegges statsadvokaten til avgjørelse etter reglene i tredje ledd, når saken har særlig stor allmenn interesse eller når det er bestemt av overordnet myndighet. Spørsmålet om tiltale skal også forelegges statsadvokaten til

Annen del. Etterforsking og avgjørelse av påtalespørsmålet

avgjørelse etter reglene i tredje ledd der saken gjelder overtredelse av straffeloven § 326, § 327 eller § 330. Spørsmålet om tiltale på bakgrunn av opplysninger som nevnt i straffeprosessloven § 216i første ledd tredje punktum bokstav d første punktum, jf. § 216m sjette ledd, avgjøres av statsadvokaten.

I sak om forbrytelse der påtalekompetansen ikke ligger til politiet, jf. straffeprosessloven § 67 annet ledd bokstav b til d, avgjør statsadvokaten om det skal utferdiges tiltalebeslutning, med mindre tiltalespørsmålet hører under Kongen eller riksadvokaten eller saken skal forelegges riksadvokaten etter § 22-3.

Mener politiet at det i en sak om forbrytelse der påtalekompetansen ikke ligger til politiet, jf. straffeprosessloven § 67 annet ledd bokstav b til d, er grunn til å reise tiltale, skal saken forelegges statsadvokaten med utferdiget siktelse. I politiets innstilling skal det gis uttalelse om hvilke andre krav enn straff som også bør gjøres gjeldende i saken. Dersom straffeloven § 54 nr. 3 eller § 64 annet ledd eller fengselsloven § 41 kommer til anvendelse, skal kopi av den tidligere dommen vedlegges. I saker hvor siktede er fengslet må politiet når saken sendes statsadvokaten, sørge for å ta de nødvendige kopier til bruk ved eventuell forlengelse av fengslingen.

Bestemmelsene i tredje ledd gjelder tilsvarende når statsadvokaten eller riksadvokaten gir innstilling til henholdsvis riksadvokaten eller Kongen.

Annen del. Etterforsking og avgjørelse av påtalespørsmålet

§ 22-3. Foreleggelse av saker for riksadvokaten

Finner statsadvokaten at det kan være grunn til å reise tiltale mot en embets- eller tjenestemann tilsatt av Kongen for overtredelse av straffeloven § 325 nr. 5 eller militær straffelov § 79 skal saken sendes til riksadvokaten med en begrunnet uttalelse.

Har en sak særlig stor allmenn interesse, skal den forelegges riksadvokaten til avgjørelse av tiltalespørsmålet.

§ 22-4. Adgang til å overlate til underordnet påtalemyndighet å utferdige tiltalebeslutning

Beslutter Kongen eller riksadvokaten å reise tiltale, kan det overlates til statsadvokaten å utferdige tiltalebeslutningen.

§ 22-5. Oversettelse av tiltalebeslutning

Dersom tiltalte ikke forstår norsk, skal tiltalebeslutningen oversettes etter reglene i § 2-8.

§ 22-6. Tiltaltes valg av forsvarer

Når kopi av tiltalebeslutningen sendes retten, skal påtalemyndigheten samtidig underrette retten om hvem tiltalte har som forsvarer eller i tilfelle ønsker oppnevnt som sin offentlige forsvarer, jf. § 8-1 annet ledd.

Annen del. Etterforsking og avgjørelse av påtalespørsmålet

§ 22-7. Offentliggjøring av tiltalebeslutning

Når tiltalebeslutningen er forkynt for tiltalte, skal pressen på anmodning gis kopi av tiltalebeslutningen, med mindre det er sannsynlig at saken helt eller delvis vil bli ført for lukkede dører.

Ved oversendelse av tiltalebeslutningen til domstolen kan påtalemyndigheten helt eller delvis forby offentlig gjengivelse av tiltalebeslutningen i den utstrekning kopi kan nektes etter første ledd. Et slikt forbud begrenser ikke retten til offentlig å gjengi rettsforhandlinger og rettsavgjørelser i henhold til domstolloven § 129 og § 130.

§ 22-8. Tilbakekalling av tiltalebeslutning

Er tiltalebeslutning utferdiget eller sak begjært fremmet i henhold til straffeprosessloven § 268, men statsadvokaten senere finner at tiltalebeslutningen bør tilbakekalles helt eller delvis, skal han sende saken til riksadvokaten med begjæring om samtykke dersom spørsmål om tiltale hører under Kongen eller riksadvokaten.

Har Kongen truffet beslutning om tiltale, kan riksadvokaten frafalle denne for mindre viktige punkters vedkommende etter reglene om påtaleunnlatelse i straffeprosessloven § 70.

Annen del. Etterforsking og avgjørelse av påtalespørsmålet

Kap. 23. Sikring.

§ 23-1. Kompetanse til å nedlegge påstand om sikring eller reise sikringssak

Beslutning om i en straffesak å nedlegge påstand om sikring og beslutning om å reise sak om sikring etter straffeloven § 39 b treffes av statsadvokaten. I de saker som omfattes av straffeprosessloven §§ 64 og 65, treffes beslutningen av Kongen eller riksadvokaten.

En sak må ikke begjæres pådømt etter straffeprosessloven § 248 (tilståelsesdom) dersom påtalemyndigheten vil påstå sikring.

§ 23-2. Forberedelse av sak hvor det vil bli lagt ned påstand om sikring

Tiltalebeslutningen skal inneholde opplysning om at påtalemyndigheten forbeholder seg retten til å påstå sikring.

I de saker hvor det vil bli lagt ned påstand om sikring, bør i den grad det anses nødvendig, dokumentene i eldre saker være vedlagt saksdokumentene.

§ 23-3. Forberedelse av særskilt sak om sikring

I sak som reises etter straffeloven § 39 b får reglene i kap. 1 til 26 tilsvarende anvendelse så langt de passer.

Annen del. Etterforsking og avgjørelse av påtalespørsmålet

§ 23-4. Iverksetting av sikring

Er det i forbindelse med en sikringsdom fastsatt at domfelte skal stå under tilsyn, gjelder bestemmelsene i § 29-2 tilsvarende så langt de passer.

Sikring iverksettes etter de regler som er fastsatt i medhold av straffeloven § 39 b nr. 3.

§ 23-5. Ny sak i sikringstiden

Blir en sikringsdømt i sikringstiden gjenstand for ny straffeforfølgning, bør en kopi av sikringsdommen vedlegges de nye saksdokumentene.

Annen del. Etterforsking og avgjørelse av påtalespørsmålet

TREDJE DEL.

SAKENS BEHANDLING I FØRSTE INSTANS.

Kap. 24. Oppnevning av og pålegg til aktor.

§ 24-1. Oppnevning av aktor

I saker om forbrytelse som etter loven ikke kan medføre fengsel i mer enn 6 år, og der påtalekompetansen ikke ligger til politiet, jf. straffeprosessloven § 67 annet ledd bokstav b til d, avgjør statsadvokaten - hvis ikke annet er bestemt ved instruks - om aktoratet skal utføres av ham, politiet eller av en advokat som er antatt til å føre slike saker.

Statsadvokaten kan overlate til hjelpestatsadvokat eller statsadvokatfullmektig å føre saken.

Saker om forseelse ved tingretten skal som regel føres av politiets tjenestemenn som hører til påtalemyndigheten. Det samme gjelder forbrytelsessaker som nevnt i § 22-2 annet ledd første punktum.

Når politiet har tatt ut tiltale i en sak, skal saken for tingretten som regel føres av en polititjenestemann som hører til påtalemyndigheten.

Har det vært utferdiget forelegg, kan det bestemmes at saken skal føres av en polititjenestemann som ikke hører til påtalemyndigheten, jf. straffeprosessloven § 76 fjerde ledd. Dette bør bare skje i enkle saker som ikke reiser rettslige tvilsspørsmål eller er av prinsipiell betydning. Møter siktede med forsvarer, bør påtalemyndigheten møte med en tjenestemann som hører til påtalemyndigheten.

§ 24-2. Oversendelse av saken til aktor

Dersom statsadvokaten ikke skal føre saken selv, oversender han sakens dokumenter til politiet eller vedkommende advokat, jf. § 24-1, så snart tiltalebeslutning er utferdiget. Tilsvarende gjelder hvor forelegg trer i stedet for tiltalebeslutning.

Ved oversendelsen av saken kan statsadvokaten gi rettledning om den straff som anses passende og om andre krav som tas med i saken.

Det påhviler aktor å foreta alt som etter straffeprosessloven kap. 22, jf. kap. 21, og kap. 29 hører under påtalemyndigheten.

Kap. 25. Forberedelse til hovedforhandling.

§ 25-1. Møte under bevisopptak

Finner aktor at påtalemyndigheten bør møte ved bevisopptak utenfor hans distrikt, kan han enten møte selv eller overlate dette til vedkommende politikammer. Ved avgjørelsen skal det legges vekt på hva som under hensyn til sakens art vil medføre minst utgifter for det offentlige.

Mener aktor at han bør møte selv, bør han på forhånd

Tredje del. Sakens behandling i første instans

innhente samtykke til dette fra statsadvokaten.

§ 25-2. Dokumentasjon av tidligere straffer m.m.

Dersom påtalemyndigheten akter å føre bevis for at tiltalte tidligere har fått påtaleunnlatelse, forelegg eller dom for straffbart forhold, skal det opplyses om dette i bevisoppgaven.

§ 25-3. Oversendelse av sakens dokumenter til retten

Har tiltalte forsvarer, skal sakens dokumenter ikke sendes til retten med mindre rettens formann ber om det, jf. straffeprosessloven § 262 første ledd.

Dersom tiltalte ikke har forsvarer, skal sakens dokumenter sendes retten når tiltaltes frist til å uttale seg om bevisoppgaven er utløpt, jf. straffeprosessloven § 267 annet ledd.

§ 25-4. Forsvarerens rett til å få dokumentene i saken

Samtidig med at tiltalebeslutningen sendes til forkynning for tiltalte, skal sakens dokumenter sendes til forsvareren med unntak for følgende dokumenter:

1) dokumenter som bør holdes hemmelig av hensyn til rikets sikkerhet eller forhold til fremmed stat, jf. straffeprosessloven § 264 tredje ledd og

Tredje del. Sakens behandling i første instans

2) dokumenter som bare gjelder andre tiltaltes forhold, jf. straffeprosessloven § 264 fjerde ledd.

Dokumenter som nevnt i første ledd nr. 1 sendes retten til avgjørelse om og i tilfelle hvordan de skal gjøres tilgjengelig for tiltalte og hans forsvarer.

§ 25-5. Hvordan dokumentene skal oversendes forsvareren m.m.

Sakens dokumenter, herunder fotografier, skisser og kart, bør sendes forsvareren i form av kopi til forsvarerens eget bruk når dette ikke byr på vesentlig ulempe. Dersom forsvareren ønsker det, kan han få utlånt sakens originaldokumenter. Dersom originaldokumentene blir lånt ut til forsvareren, skal det settes en frist for tilbakelevering av dokumentene, jf. straffeprosessloven § 265.

Originaldokumenter og andre bevis som ikke blir oversendt forsvareren, skal gjøres tilgjengelige for denne på hensiktsmessig måte.

Når særlige grunner taler for det, kan det settes forbud mot at dokumentene blir lånt ut til tiltalte eller at de blir mangfoldiggjort. Det skal her særlig legges vekt på at dokumenter som inneholder opplysninger om personlige forhold ikke blir spredt og at dokumenter for øvrig ikke blir brukt på utilbørlig måte. Originaldokumenter må aldri utleveres til tiltalte.

§ 25-6. Tiltaltes rett til dokumentinnsyn når han ikke har forsvarer

Er tiltalte uten forsvarer, skal han ved forkynningen av tiltalebeslutningen underrettes om at han har rett til å gjøre seg kjent med sakens dokumenter hos påtalemyndigheten. Retten til dokumentinnsyn gjelder likevel ikke dokumenter som bare gjelder andre tiltaltes forhold. Dokumenter som bør holdes hemmelig av hensyn til rikets sikkerhet eller forhold til fremmed stat kan bare gjøres tilgjengelig for tiltalte etter rettens beslutning.

Med mindre særlige grunner taler mot det, kan tiltalte gis kopi av saksdokumentene. Bestemmelsene i § 25-5 tredje ledd annet og tredje punktum gjelder tilsvarende.

§ 25-7. Oversendelse av sakens dokumenter til bistandsadvokaten mv.

I saker hvor det er oppnevnt bistandsadvokat, skal kopi av tiltalebeslutningen, av bevisoppgaven og så vidt mulig av sakens dokumenter sendes til advokaten når tiltalebeslutningen sendes til forkynning for tiltalte. Påtalemyndigheten skal også angi når saken bør behandles. Dokumenter som ikke blir sendt til advokaten, skal gjøres tilgjengelig for denne på hensiktsmessig måte.

Fornærmede og etterlatte må ikke uten påtalemyndighetens samtykke gis kopi av egen eller andres forklaring i saken.

§ 25-8. Underretning om tiltale og dokumentinnsyn til fornærmede og etterlatte

Fornærmede og etterlatte i lovbestemt rekkefølge skal underrettes om at det er tatt ut tiltale i saken, og om at de kan kreve å gjøre seg kjent med tiltalebeslutningen.

Fornærmede og etterlatte i lovbestemt rekkefølge skal gis underretning om adgangen til dokumentinnsyn etter straffeprosessloven § 264a tredje ledd.

§ 25-9. Hvordan dokumentene skal gjøres tilgjengelige for fornærmede mv.

Dokumenter i saken som fornærmede eller andre har rett til å gjøre seg kjent med etter straffeprosessloven § 264a, leses opp for ham eller han gis anledning til selv å lese dem i politiets eller forsvarerens nærvær. Han kan få kopi av sakens dokumenter i den grad det er nødvendig for at han skal kunne ivareta sine interesser i saken og det for øvrig anses ubetenkelig.

§ 25-10. Samtale med aktor før hovedforhandling

Fornærmede med bistandsadvokat og etterlatte i lovbestemt rekkefølge har rett til å på begjæring få en samtale før hovedforhandlingen med den aktor som skal føre saken.

Tredje del. Sakens behandling i første instans

Kap. 26. Hovedforhandlingen. Saksbehandling etter domsavsigelse.

§ 26-1. Aktors partsforedrag m.m.

Til vegledning for retten bør aktor i sin prosedyre uttale seg om hva slags straff som etter hans mening er passende, om de tilleggsstraffer som bør anvendes og om andre krav i saken.

Når saken tas opp til doms, skal aktor ta med de av sakens dokumenter som ikke er lagt fram i retten.

Blir aktoratet utført av en advokat, skal aktor be om at gjenpart av dommen blir sendt direkte til ham.

§ 26-2. Politiets behandling av saken når dom er avsagt m.m.

Når politiet mottar dommen, skal det snarest sørge for at den blir forkynt for siktede dersom siktede ikke var til stede ved domsavsigelsen, jf. straffeprosessloven § 43 tredje ledd. Hvor spørsmålet om bruk av rettsmidler hører under statsadvokaten eller riksadvokaten, sendes dommen sammen med sakens dokumenter deretter straks statsadvokaten med uttalelse om dommen bør vedtas, eller om det bør anvendes rettsmidler mot den. I forbrytelsessaker der påtalekompetansen ligger til politiet, jf. straffeprosessloven § 67 annet ledd bokstav b til d, gjelder oversendelsesfristen i § 27-1 annet ledd tredje punktum. Har forkynning ikke skjedd innen tre uker fra domsavsigelsen, sendes saksdokumentene med kopi av dommen til statsadvokaten med slik uttalelse som nevnt foran, og med en redegjørelse for hvorfor dommen ikke er forkynt.

I saker hvor siktede er fengslet, må politiet når saken sendes statsadvokaten, sørge for å ta nødvendige kopier til bruk ved eventuelt forlengelse av fengslingen.

Er aktoratet utført av en advokat, skal advokaten snarest sende sakens dokumenter med kopi av dommen til den som skal avgjøre spørsmålet om bruk av rettsmidler, sammen med uttalelse som nevnt i annet ledd.

Reglene i annet og tredje ledd gjelder tilsvarende hvor saken helt eller delvis er avvist.

§ 26-3. Forkynning av dom

Ved forkynning av betinget dom skal domfelte gjøres kjent med hva det betyr at dommen er gjort betinget, hva vilkårene går ut på og følgene av at de ikke blir overholdt, jf. straffeloven § 54 a.

Ved forkynning av dom på samfunnstjeneste skal domfelte gjøres nærmere kjent med hva dommen går ut på, og følgene av at samfunnstjenesteplikten brytes og av at det begås en ny straffbar handling før utløpet av gjennomføringstiden.

Ved forkynning av dom skal for øvrig siktede (og verger) gjøres kjent med hvordan dommen kan angripes ved rettsmidler og fristen for å bruke rettsmiddel mot den.

Tredje del. Sakens behandling i første instans

Domfelte skal gis et eksemplar av"Rettledning til domfelte" og kort orienteres om innholdet av skjemaet.

Påtegning om forkynningen og om at reglene i første og annet ledd er fulgt, skal påføres det dokumentet som er forkynt. Påtegningen skal undertegnes av den som forkynner dommen.

Siktede skal så vidt mulig spørres om han vedtar dommen.

Vedtas dommen, skal dette påføres det forkynte dokumentet og dateres og undertegnes av siktede. Vedkommende stevnevitne eller polititjenestemann skal medunderskrive vedtakelseserklæringen.

Dersom siktede ikke vedtar dommen, skal det spørres om han ønsker å angripe dommen på stedet og i tilfelle på hvilket grunnlag eller om han ønsker å benytte seg av betenkningstiden. Opplysning om dette skal påføres det forkynte dokumentet.

Dersom siktede ikke forstår norsk, skal forkynning bare skje når dommen er oversatt til et språk siktede forstår eller dommen blir muntlig oversatt i forbindelse med forkynningen, jf. § 2-8.

Når forkynningen er foretatt, skal underretning om dette snarest gis til den innen påtalemyndigheten som avgjør spørsmålet om bruk av rettsmidler.

§ 26-4. Kvartalsinnberetning til statsadvokaten

Ved utgangen av hvert kvartal - eller oftere dersom det begjæres - sender politiet en oppgave til statsadvokaten over de forbrytelsessaker som det har til behandling og som ennå ikke måtte være pådømt, med forklaring om hva som er gjort med dem og når de antas å kunne fremmes til pådømmelse.

§ 26-5. Underretning om rettskraftig dom

Når dommen er rettskraftig, skal påtalemyndigheten underrette fornærmede og etterlatte med kjent navn og adresse om domsresultatet og om rett til innsyn etter straffeprosessloven § 28, såfremt de ikke har fått beskjed på annen måte.

§ 26-6. Underretning om anke

Påtalemyndigheten gir underretning til bistandsadvokat og til fornærmede som har fått behandlet krav etter § 3 i dommen, om at dommen er anket, hvem som har anket og hva det er anket over.

§ 26-7. Varsel om ankeforhandling i Høyesterett

Påtalemyndigheten skal underrette fornærmede i saker som nevnt i straffeprosessloven § 107a første ledd og etterlatte i lovbestemt rekkefølge om berammelse av hovedforhandling i Høyesterett, selv om bistandsadvokat ikke er oppnevnt for Høyesterett.

Tredje del. Sakens behandling i første instans

FJERDE DEL.

BRUK AV RETTSMIDLER OG FORBEREDELSE TIL ANKEBEHANDLING

Kap. 27. Beslutning om bruk av rettsmidler.

§ 27-1. Anke - hovedregel

I saker hvor tiltale er besluttet av Kongen eller riksadvokaten, treffer sistnevnte beslutning om anke.

Er tiltalen i en forbrytelsessak tatt ut av politiet etter straffeprosessloven § 67 annet ledd bokstav c eller d, eller av statsadvokaten, avgjør statsadvokaten spørsmålet om anke. I forbrytelsessaker hvor politiet har tatt ut tiltale i medhold av straffeprosessloven § 67 annet ledd bokstav c eller d, kan politiet likevel vedta dom avsagt i første instans. I saker som nevnt i foregående punktum skal politiet innen 14 dager etter at de mottok dommen, vedta eller oversende den til statsadvokaten.

Er tiltalen besluttet av politiet i medhold av straffeprosessloven § 67 annet ledd bokstav a eller b, treffes avgjørelsen om anke av dom avsagt i første instans av politimesteren, jf. straffeprosessloven § 68.

Bestemmelsene i straffeprosessloven § 68 første til tredje ledd og i paragrafen her anvendes tilsvarende når saken er avgjort ved tilståelsesdom eller fremmet på grunnlag av et ikke-vedtatt forelegg.

§ 27-2. Anke - enkelte særlige forhold

Statsadvokaten treffer vedtak om anke i saker der politiet har tatt ut tiltale etter straffeprosessloven § 67 annet ledd bokstav c eller d, og i så fall også for forhold i saken der politiet har tatt ut tiltale etter § 67 annet ledd bokstav a eller b. Riksadvokaten treffer vedtak om anke for forhold som etter ordre fra riksadvokaten er tatt med i tiltale utferdiget av statsadvokaten eller politiet.

§ 27-3. Anke

Anke mot kjennelse om avvisning erklæres av den som har myndighet til å anke, jf. § 27-1 og § 27-2. Ellers kan den som utfører saken, erklære anke.

Beslutning om å erklære videre anke etter straffeprosessloven § 388 treffes alltid av politimesteren i forseelsessaker og i forbrytelsessaker der påtalekompetansen ligger til politiet, jf. straffeprosessloven § 67 annet ledd bokstav b til d. I andre forbrytelsessaker treffes beslutning om videre anke av statsadvokaten eller riksadvokaten.

§ 27-4. Gjenåpning

Riksadvokaten avgjør hvorvidt påtalemyndigheten skal begjære gjenopptakelse av en sak etter reglene i straffeprosessloven kap. 27.

Fjerde del. Rettsmidler og forberedelse til ankebehandling

Kap. 28. Behandling av rettsmiddelerklæring. Oppnevning av aktor i ankesaker

§ 28-1. Muntlig erklæring fra siktede om bruk av rettsmidler

Dersom siktede overfor påtalemyndigheten eller vedkommende fengselsmyndighet muntlig erklærer bruk av rettsmidler, skal erklæringen på stedet settes opp skriftlig, dateres og undertegnes av siktede og mottakeren.

§ 28-2. Kontroll av formelle betingelser for sakens videre behandling

Når det i en sak anvendes rettsmidler, skal de forskjellige trinn innen påtalemyndigheten som behandler saken, påse at saksdokumentene er til stede og ordnet på riktig måte. Det skal alltid påses at utskrift av strafferegisteret og bøteregisteret ligger ved, eventuelt sammen med kopi av dommer som kan ha betydning for anvendelsen av straffeloven § 54 nr. 3 og § 64 og fengselsloven § 41. Videre skal det påses at de formelle betingelser for sakens behandling er til stede. Mulige mangler og uforsettlige feil bør søkes avhjulpet hvis det er anledning til det. Er rettsmiddelbegjæringen uklar eller er det tvil om den er satt fram i rett tid, bør påtalemyndigheten innhente opplysninger for å klarlegge dette. Det skal påses at siktedes rettsmiddelbegjæring er undertegnet av siktede.

Har lokale vedtekter eller regler betydning for saken, skal et eksemplar av disse vedlegges saksdokumentene.

Fjerde del. Rettsmidler og forberedelse til ankebehandling

§ 28-3. Innsendelse av anke

Påtalemyndigheten skal uten opphold sende ankeerklæringen sammen med de øvrige saksdokumenter til ankedomstolen.

Saksdokumentene skal sendes gjennom statsadvokaten ved anke til lagmannsrett og gjennom riksadvokaten ved anke til Høyesterett, ledsaget av slik uttalelse som saken gir grunn til.

Ankedomstolen skal opplyses om siktede har fremsatt ønske om en bestemt forsvarer.

Senest samtidig med at saken sendes til ankedomstolen, skal domfelte gjøres kjent med ankedomstolens kompetanse. Det skal gis påtegning på sakens dokumenter at slik orientering er gitt.

§ 28-4. Oppnevning av aktor i ankesaker for lagmannsretten

I saker som etter loven ikke kan medføre fengsel i mer enn 6 år, avgjør statsadvokaten - hvis ikke annet er bestemt ved instruks - om aktoratet skal utføres av statsadvokaten, en polititjenestemann som hører til påtalemyndigheten eller av en advokat. § 24-1 annet ledd gjelder tilsvarende.

§ 28-5. Innsendelse av anke

Anke skal sammen med sakens dokumenter sendes til den rett hvis avgjørelse angripes.

Fjerde del. Rettsmidler og forberedelse til ankebehandling

FEMTE DEL.

FULLBYRDING OG BENÅDNING.

Kap. 29. Fullbyrding.

§ 29-1. Fullbyrdingsordre

En dom skal fullbyrdes straks den er rettskraftig, når ikke annet er særskilt bestemt.

Statsadvokaten gjør vedtak om fullbyrding av dom i sak om forbrytelse. Beslutningen treffes likevel av politiet i sak hvor politiet har tatt ut tiltale etter straffeprosessloven § 67 annet ledd bokstav b til d. Politiet gjør vedtak om fullbyrding i sak avgjort ved forelegg og i sak om forseelse.

Når det gis ordre om fullbyrding, skal vedkommende påtalemyndighet kontrollere om straffeprosessloven § 460 kommer til anvendelse og i tilfelle angi fra hvilket tidspunkt.

Fullbyrding av bøter og andre pengekrav skjer etter reglene i kap. 30.

§ 29-2. Underretning til tilsynsmyndigheten ved betinget dom og ved dom på samfunnstjeneste

Er det i forbindelse med betinget dom satt som vilkår at domfelte skal stå under tilsyn, skal påtalemyndigheten straks underrette kontoret for kriminalomsorg i frihet på det sted hvor domfelte oppholder seg, hvis ikke en representant for kontoret var tilstede ved domsavsigelsen.

Det samme gjelder når det er gitt dom på samfunnstjeneste.

Så snart dommen er endelig, skal kopi av domsslutningen og personaliarapporten sendes til vedkommende kontor for kriminalomsorg i frihet med anmodning om at tilsynet eller samfunnstjenesten settes i verk. Er det i dommen bestemt at tilsynet skal settes i verk straks selv om dommen ikke er endelig, skal anmodningen og de nevnte dokumentene sendes allerede etter domsavsigelsen. Når påtalemyndigheten har besluttet at iverksetting av samfunnstjeneste kan skje før dommen er rettskraftig, skal anmodningen og dokumentene sendes straks.

§ 29-3. Omgjøring av bot og arrest til annen straff

Politiet treffer avgjørelse om omgjøring av arrest til fengsel etter den militære straffelov § 18. Politiet treffer også avgjørelse om fullbyrding av subsidiær fengselsstraff, jf. § 30-9.

Den nærmere beregning av den fengselsstraff som en dom på arrest skal omgjøres til, kan overlates til vedkommende fengselsmyndighet.

Bestemmelsen i § 29-1 tredje ledd gjelder tilsvarende.

[§§ 29-4, 29-5, 29-6 opphevet]

Femte del. Fullbyrding og benådning

§ 29-7. Uenighet om fullbyrdingen og om domfeltes identitet

Dersom domfelte krever spørsmål som nevnt i straffeprosessloven § 462 avgjort av retten, forberedes saken av den påtalemyndighet som har truffet ordre om fullbyrding. Domfeltes begjæring om rettens avgjørelse skal gis oppsettende virkning for fullbyrdingen hvis ikke særlige grunner taler mot det.

§ 29-8. Utlevering når fullbyrdingen er avsluttet

Er en domfelt begjært utlevert, bør begjæringen behandles i tide med sikte på å gjøre det mulig å sette i verk en beslutning om utlevering så snart straffen er fullbyrdet.

§ 29-9. Begjæring om fullbyrding m.m. av betinget dom

Beslutning om å sette frem begjæring om at utsatt straff blir å fullbyrde i medhold av straffeloven § 54 nr. 2 og nr. 3 eller at det skal fastsettes nye vilkår for utsettelse av straffens fullbyrding eller at prøvetiden skal forlenges i medhold av straffeloven § 54 nr. 1, treffes av politiet i sak hvor politiet treffer vedtak om fullbyrding av dom og av statsadvokaten i sak hvor statsadvokaten treffer slikt vedtak. Det samme gjelder begjæring om fullbyrding av subsidiær fengselsstraff etter straffeloven § 28 c. Saken sendes tingretten på domfeltes oppholdssted.

Har den domfelte stått under tilsyn, skal politiet før saken sendes til retten innhente uttalelse fra tilsynsmyndigheten.

§ 29-10. Innberetning om fullbyrding av frihetsstraff

Politimesteren sender ved utgangen av hvert halvår til vedkommende statsadvokat en fortegnelse over dommer lydende på frihetsstraff som politimesteren er gitt ordre om å fullbyrde. Fortegnelsen skal inneholde opplysning om domfeltes navn og alder, hvilken domstol som har avsagt dommen og dommens tidspunkt, kort utdrag av dommens innhold (lovovertredelse og straff), når ordre om fullbyrding er gitt og når fullbyrding er iverksatt eller i tilfelle grunnen til at den ennå ikke er iverksatt. I oppgaven skal også tas med de dommer fra foregående halvår som ikke var iverksatt da forrige oppgave ble innsendt.

Kap. 30. Innkreving av bøter og andre pengekrav.

§ 30-1. Statens innkrevingssentral

Bøter og andre pengekrav til fordel for statskassen skal søkes innkrevet ved Statens innkrevingssentral. Det samme gjelder erstatning og andre pengekrav tilkjent fornærmede eller andre skadelidte i en offentlig straffesak, dersom den berettigede ønsker det, jf § 30-11.

Femte del. Fullbyrding og benådning

§ 30-2. Tilknytning til påtalemyndigheten

Direktøren, avdelingsdirektørene og de juridiske rådgivere ved Statens innkrevingssentral hører til påtalemyndigheten. Tilknytningen gjelder avgjørelser om innkreving av bøter og pengekrav som nevnt i straffeprosessloven § 455 tredje ledd, jf § 456.

Statens innkrevingssentral er underlagt statsadvokaten i Nordland i generelle anliggender, og er ellers underlagt vedkommende statsadvokat i klagesaker, jf § 30-12.

§ 30-3. Oversending til Statens innkrevingssentral - informasjon til skyldneren

Straks fullbyrding kan kreves, skal politiet oversende kravet til Statens innkrevingssentral.

Statens innkrevingssentral skal straks sende en betalingsanmodning til skyldneren, med angivelse av de pådømte krav og om betalingsordningen. Det skal settes frist for betalingen, som normalt ikke bør overstige en måned. I betalingsanmodningen skal det opplyses om adgangen til tvangsfullbyrdelse av kravet dersom betaling uteblir, og om soning av subsidiær fengselsstraff ved unnlatt betaling av bot. Det skal også opplyses om rente- og gebyrbelastning ved for sen betaling. Er betaling av erstatning satt som særlig vilkår for betinget dom, skal domfelte gjøres kjent med betydningen av dette.

Femte del. Fullbyrding og benådning

§ 30-4. Avdragsvis betaling

Statens innkrevingssentral kan bestemmes at krav som er pådømt i straffesak, kan betales avdragsvis. Ved avgjørelsen skal det tas hensyn til beløpets størrelse og den skyldiges økonomiske evne.

Ved bøtesoning der botlagte har betalt en del av boten, skal frihetsstraffen nedsettes forholdsvis, men slik at del av en dag regnes som en hel dag. Tilbys boten betalt etter at soning er påbegynt, avkortes boten forholdsvis, men bare slik at hele soningsdager tas i betraktning. Avgjørelser etter dette ledd treffes av politiet.

§ 30-5. Fremgangsmåten ved unnlatt betaling - utsettelse av innkreving

Dersom kravet ikke blir betalt ved forfall, skal Statens innkrevingssentral sette fram et nytt innbetalingskrav såfremt dette finnes formålstjenlig.

Dersom betaling helt eller delvis ikke skjer, kan beløpet søkes innkrevet ved utleggstrekk etter straffeprosessloven § 456 og lov 8 juni 1984 nr 59 om fordringshavernes dekningsrett (dekningsloven) § 2-7 og § 2-8.

Dersom skyldnerens oppfyllelse av sin underholdsplikt medfører at krav pådømt i straffesak ikke kan innkreves ved utleggstrekk, skal det gis hel eller delvis utsettelse med innkrevingen, hvis ikke beløpet kan drives inn på annen måte. Det samme gjelder dersom innkreving av

Femte del. Fullbyrding og benådning

erstatningskrav fra fornærmede eller skadelidte medfører at krav på bot ikke kan betales. Ellers kan det gis utsettelse med betaling av kravene når særlige grunner tilsier det.

Beløpet kan også søkes dekket ved at utleggsbegjæring fremmes for namsmyndighetene. Hvis tvangsfullbyrdelse, etter opplysning om den skyldige finnes formålsløst, kan dette unnlates. Det er ikke til hinder for tvangsfullbyrdelse at bare en del av kravet kan forventes dekket.

Dersom det anses nødvendig, bør det overveies å begjære heftelse i siktedes formuesgjenstander etter reglene i straffeprosessloven §§ 217 - 219 [217, 218, 219].

Søker domfelte om ettergivelse av krav på inndragning eller sakskostnader til det offentlige, kan Statens innkrevingssentral, eller Justis- og politidepartementet når saken er oversent dit til behandling, beslutte utsettelse med innkreving til søknaden er avgjort. Tilsvarende gjelder ved fremsettelse av klage på avslag.

§ 30-6. Innkreving hvor inndratt beløp er i behold

Er domfelte ilagt inndragning av vinning etter straffeloven § 34, kan i de tilfeller inndragningsbeløpet er i behold, fullbyrding av andre pådømte pengekrav bare foretas med eller i den skyldiges øvrige midler. Dette gjelder likevel ikke for erstatningskrav til fornærmede eller andre skadelidte der det er avsagt kjennelse etter straffeloven § 37 d annet ledd om at det som inndras skal anvendes til dekning av slike krav.

§ 30-7. Prioritering av krav som er pådømt i straffesak

Innbetaling fra skyldneren skal dekke krav etter denne rekkefølge:

1) Erstatning tilkjent fornærmede eller andre skadelidte i offentlig straffesak,

2) straffekrav (bot),

3) inndragningskrav til det offentlige,

4) andre offentlige krav, slik at det innbyrdes minste krav dekkes først.

Krav som etter sin art har samme prioritet, får innbyrdes prioritet etter domstidspunktet eller tidspunktet for vedtakelse av forelegget. Krav av samme art pådømt i felles etterskuddsdom etter straffeloven § 64 jf straffeprosessloven § 49, har samme prioritet.

§ 30-8. Gjeldsforfølging i konkurs

Ved gjeldsforfølging i konkurs skal offentlige krav dekkes etter de regler som følger av lov 8. juni 1984 nr. 59 om fordringshavernes dekningsrett.

Femte del. Fullbyrding og benådning

§ 30-9. Soning av subsidiær fengselsstraff

Bot som ikke betales eller lar seg inndrive ved utleggstrekk eller annen tvangsfullbyrdelse, skal fullbyrdes ved soning av den subsidiære fengselsstraff, jf § 29-3.

§ 30-10. Informasjon til fornærmede og andre skadelidte

Når erstatnings- og oppreisningskrav er pådømt i straffesak, skal politiet sende underretning til fornærmede og andre skadelidte som har fått krav pådømt i saken, så snart kravet kan fullbyrdes. Det skal opplyses om hvilket beløp som er tilkjent, hvem som er ansvarlig og at Statens innkrevingssentral vil gi nærmere redegjørelse om eventuell innkreving. Kopi av domsslutning eller forelegg skal vedlegges. Dersom det i saken er besluttet inndragning av vinning, skal fornærmede og andre skadelidte gjøres kjent med adgangen til å kreve inndragningsbeløpet brukt til dekning av deres erstatningskrav, jf straffeloven § 37 d annet ledd.

Tilsvarende gjelder når betaling av erstatning er satt som vilkår for betinget påtaleunnlatelse.

§ 30-11. Innkreving av fornærmedes og andre skadelidtes krav

Når erstatnings- og oppreisningskrav er pådømt i straffesak, skal politiet opplyse fornærmede og andre skadelidte som har fått krav pådømt i saken om at Statens innkrevingssentral

Femte del. Fullbyrding og benådning

vil gi nærmere redegjørelse om eventuell innkreving. Dersom det i saken er besluttet inndragning av vinning, skal fornærmede og andre skadelidte gjøres kjent med adgangen til å kreve inndragningsbeløpet brukt til dekning av deres erstatningskrav, jf. straffeloven § 37d annet ledd.

Dersom fornærmede eller skadelidte er et næringsdrivende foretak som må antas å ha ressurser til selv å tvangsfullbyrde kravet, skal ansvaret for å begjære utleggstrekk eller annen tvangsfullbyrdelse av kravet som regel overlates til vedkommende selv. Det samme gjelder offentlige etater når ikke annet er bestemt av departementet.

§ 30-12. Klage

Avgjørelser truffet av Statens innkrevingssentral, jf § 30-2, kan påklages til statsadvokaten i det distrikt hvor forelegget eller tiltalen ble utferdiget. Dette gjelder likevel ikke klage over utleggstrekk.

Klagen framsettes via Statens innkrevingssentral, som skal gi melding om klagen til eventuelle andre parter, og sette frist for uttalelse.

Ved utleggstrekk kan skyldneren eller arbeidsgiveren (kassereren) klage til tingretten over pålegget i medhold av tvangsfullbyrdelsesloven § 5-16 jf. § 7-26. Klagen skal settes fram for Statens Innkrevingssentral.

Partene skal opplyses om klageadgangen etter denne paragraf.

Femte del. Fullbyrding og benådning

Kap. 31. Benådning m.m.

§ 31-1. Benådning av straff

Søker en domfelt som er på frifot om benådning for straff, skal det politikammer som tidligere har behandlet straffesaken forberede benådningssaken.

Politiet skal påse at benådningssøknaden er undertegnet av domfelte. Blir søknaden satt fram muntlig, skal den skrives ned, dateres og undertegnes av domfelte.

Det bør om mulig foretas avhør av domfelte. Under avhøret skal det søkes klarlagt hva som påberopes som grunnlag for benådningssøknaden. Domfelte skal spesielt oppfordres til å legge fram dokumentasjon for de opplysninger som gis i søknaden eller under avhøret, f.eks. om helse, økonomi (inntekts- og formuesforhold, sosiale stønader, trygdeytelser m.v.), arbeids- og familieforhold. Domfelte skal gjøres kjent med at slik dokumentasjon kan ha avgjørende betydning for benådningssøknadens utfall.

Politiet bør også gi supplerende opplysninger om eventuell straffereaksjon mot medskyldige og om eventuell dom overfor en eller flere av disse er fullbyrdet eller om det er gitt benådning. Likeledes bør det opplyses om domfelte i tiden fra dommens avsigelse er mistenkt eller siktet eller har vedtatt forelegg for nye straffbare forhold eller om det senere er avdekket straffbare forhold som i tid ligger forut for dommen, jf. straffeloven § 64. Kopi av eventuell tilståelse eller vedtatt forelegg i ny sak skal i så fall legges ved dokumentene i benådningssaken. Dersom det har gått

Femte del. Fullbyrding og benådning

lengre tid siden straffen ble ilagt eller idømt, bør det opplyses om grunnen til dette. Politiet skal opplyse om soningstidspunktet er fastsatt eller ikke, og om soningsdatoen hvis denne er fastsatt.

I saker hvor politiet tar ut tiltale sender politiet benådningssøknaden sammen med straffesakens dokumenter via riksadvokaten til Justisdepartementet. I saker hvor politiet ikke tar ut tiltale, sendes saken via statsadvokaten. De som har saken til behandling skal gi slik uttalelse som saken foranlediger og i alle tilfeller om søknaden anbefales eller ikke.

§ 31-2. Ettergivelse av inndragning og sakskostnader

Bestemmelsene i § 31-1 får tilsvarende anvendelse så langt de passer når det søkes om ettergivelse av inndragning eller saksomkostninger. Søknaden inngis til Statens innkrevingssentral, som videresender søknaden vedlagt statusrapport for innkrevingen, til politiet for uttalelse. Saken sendes deretter via Statens innkrevingssentral til videre ekspedering i henhold til § 31-1 femte ledd.

Femte del. Fullbyrding og benådning

SJETTE DEL.

SÆRLIGE SAKSOMRÅDER.

Kap. 32. Sjøfartsforhold.

§ 32-1. Ulovlig håndtering av og handel med narkotika og psykotrope stoffer til sjøs

I samsvar med lov 13. juni 1997 nr. 47 om gjennomføring av europarådsavtale 31. januar 1995 om ulovlig håndtering av og handel med narkotika til sjøs kan påtalemyndigheten:

a) samtykke til at utenlandsk myndighet border et norsk fartøy og i den forbindelse gjør bruk av tvangsmidler,

b) anmode utenlandske myndigheter om tillatelse til å borde fartøy som fører dette landets flagg,

c) anmode utenlandske myndigheter om å borde et norsk fartøy,

d) etterkomme anmodning fra utenlandske myndigheter om bording av fartøy som fører dette landets flagg eller av statsløse fartøy,

e) beslutte bording av statsløst fartøy eller anmode annet lands myndigheter om å foreta slik bording,

f) avgjøre om Norge skal gjøre gjeldende primær jurisdiksjon etter europarådsavtalen art 14, jf art 17.

Myndigheten etter første ledd ligger til Det nasjonale statsadvokatembetet.

§ 32-2. Bekjempelse av ulovlige handlinger mot sikkerheten ved skipsfart

I samsvar med straffeprosessloven § 4a om bekjempelse av ulovlige handlinger mot sikkerheten ved skipsfart kan påtalemyndigheten:

a) samtykke til at utenlandsk myndighet border et norsk fartøy og i den forbindelse gjør bruk av tvangsmidler,

b) anmode utenlandske myndigheter om tillatelse til å borde fartøy som fører denne statens flagg,

c) anmode utenlandske myndigheter om å borde et norsk fartøy,

d) etterkomme anmodning fra utenlandske myndigheter om bording av fartøy som fører denne statens flagg eller av statsløse fartøy.

Myndigheten etter første ledd ligger til Det nasjonale statsadvokatembetet. Utenriksdepartementet skal informeres om saken så snart som mulig.

[§§ 32-3 - 32-9. opphevet]

Sjette del. Særlige saksområder

Kap. 33. Kontinentalsokkelsaker og saker vedrørende Norges økonomiske sone.

§ 33-1. Straffbare handlinger med tilknytning til kontinentalsokkelvirksomhet

Statsadvokatene i Rogaland har påtalemyndighet i saker som gjelder straffbar overtredelse av lovgivning om Norges kontinentalsokkel og om virksomhet på sokkelen, og i alle saker som gjelder straffbare handlinger foretatt:

a) på enhver innretning og ethvert anlegg på den norske del av kontinentalsokkelen, som nyttes til undersøkelse etter, utnytting eller lagring av undersjøiske naturforekomster,

b) på anlegg for transport av petroleumsforekomster tilknyttet innretning eller anlegg som er plassert på den norske del av kontinentalsokkelen,

c) i sikkerhetssonen rundt slike anlegg og innretninger som nevnt under a) og b) foran og

d) på norsk boreplattform eller liknende innretning i åpen sjø.

§ 33-2. Saker vedrørende overtredelse av lovgivningen om Norges økonomiske sone, herunder fiskevernsonen ved Svalbard og fiskerisonen rundt Jan Mayen.

Saker som gjelder brudd på lovgivningen om Norges økonomiske sone, herunder fiskevernsonen ved Svalbard og

Sjette del. Særlige saksområder

fiskerisonen rundt Jan Mayen, behandles av statsadvokatene i Rogaland og statsadvokaten i Troms og Finnmark.

Troms og Finnmark statsadvokatembete behandler saker som etterforskes av politimestrene nord for Namdal politidistrikt.

Kap. 34. Saker som etterforskes av Spesialenheten for politisaker

§ 34-1. Spesialenheten for politisaker

I saker som gjelder spørsmålet om en ansatt i politiet eller påtalemyndigheten har begått en straffbar handling i tjenesten, skal etterforskingen foretas og ledes av et eget sentralt organ, Spesialenheten for politisaker. Det samme gjelder saker uten mistanke om straffbar handling i tilfeller som nevnt i § 34-6 andre ledd. Enheten trer ikke i virksomhet i saker som avgjøres med forenklet forelegg, eller som behandles av Politiets sikkerhetstjeneste, jf. overvåkingsinstruksen gitt ved kongelig resolusjon av 19. august 1994 nr. 1302.

Spesialenheten er riksdekkende etterforskings- og påtalemyndighet for saker etter § 34-1 første ledd. Enheten ledes av Sjefen for Spesialenheten for politisaker. Kongen kan utnevne assisterende sjef som etter sjefens fullmakt eller i dennes fravær skal utøve myndighet på sjefens vegne. Etterforskingen utføres av en etterforskingsavdeling, ledet av en etterforskingsleder. Etterforskingslederen skal avgi innstilling til Sjefen for Spesialenheten om hvordan

Sjette del. Særlige saksområder

påtalespørsmålet bør avgjøres. Enheten kan knytte til seg personer i form av verv eller ansettelser. For dem som tildeles verv gjelder en karantenetid på to år fra eventuell tidligere ansettelse i politiet eller påtalemyndigheten. For ansettelser i enheten gjelder ikke bestemmelsen om karantenetid. Personer ansatt eller i verv i enheten kan ikke samtidig ha ansettelsesforhold i politiet eller påtalemyndigheten.

Justis- og politidepartementet har det overordnede administrative ansvaret for Spesialenheten.

Med politi menes i dette kapittel også politihøgskolestudenter under praksis og innkalte mannskaper fra politireserven.

§ 34-2. Forholdet til påtaleinstruksens øvrige regler

Reglene i straffeprosessloven og i påtaleinstruksen kap. 1 til 30 og kap. 33 får tilsvarende anvendelse i saker der etterforskingen ledes av enheten, så langt de passer eller ikke annet følger av reglene i dette kapitlet.

§ 34-3. Påtalekompetanse

Sjefen for Spesialenheten avgjør påtalespørsmålet unntatt når påtalespørsmålet hører under Kongen i statsråd eller riksadvokaten, jf. straffeprosessloven § 67 sjette ledd. Leder av etterforskingsavdeling har påtalekompetanse tilsvarende politimester på etterforskingsstadiet. Sjefen for

Sjette del. Særlige saksområder

Spesialenheten, assisterende sjef og leder av etterforskingsavdeling skal ha juridisk embetseksamen.

Sjefen for Spesialenheten kan delegere sin myndighet til en annen i enheten med juridisk embetseksamen. Tilsvarende kan leder av etterforskingsavdeling delegere sin myndighet til en annen i avdelingen med juridisk embetseksamen.

I saker der enheten tar ut tiltale, utføres aktoratet av Sjefen, assisterende sjef eller en annen i enheten med juridisk embetseksamen Sjefen gir fullmakt.

§ 34-4. Politimyndighet

Spesialenhetens sjef og personer ansatt eller i verv i enheten kan tildeles politimyndighet, jf. politiloven § 20 andre ledd.

§ 34-5. Anmeldelse og mistanke

Anmeldelse av en straffbar handling begått i tjenesten av en ansatt i politiet eller påtalemyndigheten skjer til Spesialenheten, eller til politiet eller påtalemyndigheten. Spesialenheten skal straks varsles om anmeldelsen, når det ikke er de selv som har mottatt den. Spesialenheten bør gi underretning til berørt politimester, sjef for vedkommende særorgan eller annen rett instans, når anmeldelse er inngitt til Spesialenheten selv og saken ikke vil bli avvist etter tredje ledd.

Sjette del. Særlige saksområder

Får en embets- eller tjenestemann i politiet eller påtalemyndigheten mistanke om at en annen ansatt har begått en straffbar handling i tjenesten, skal Spesialenheten straks varsles, med mindre forholdet er eller kan ventes å bli avgjort ved forenklet forelegg, eller skal behandles av Politiets sikkerhetstjeneste.

Sjefen for Spesialenheten skal avvise saker som faller utenfor enhetens saklige kompetanseområde, for eksempel fordi det anmeldte forhold ikke er straffbart eller er ikke gjenstand for offentlig påtale.

I andre saker hvor det ikke påvises rimelig grunn til å iverksette etterforsking, for eksempel fordi anmeldelsen er åpenbart grunnløs, kan Sjefen for Spesialenheten henlegge anmeldelsen uten at enheten foretar noen nærmere prøving av realiteten.

§ 34-6. Generelt om etterforskingen

Sjefen for Spesialenheten fordeler sakene til de enkelte etterforskingsavdelinger. Etterforskingsavdelingen treffer beslutning om iverksettelse av etterforsking når det som følge av anmeldelse eller andre omstendigheter er rimelig grunn til å undersøke om en ansatt i politiet eller påtalemyndigheten har begått en straffbar handling i tjenesten, og foretar og leder etterforskingen. Etterforskingsavdelingen kan selv foreta de etterforskingsskritt den mener er nødvendige. Etterforsking skal som regel iverksettes når det begjæres av en ansatt som det er framsatt mistanke mot.

Sjette del. Særlige saksområder

Selv om det ikke er grunn til mistanke om en straffbar handling, skal etterforsking settes i verk dersom noen dør eller blir alvorlig skadet som følge av politiets eller påtalemyndighetens tjenesteutøvelse, eller noen dør eller blir alvorlig skadet mens de er tatt hånd om av politiet eller påtalemyndigheten.

Leder av etterforskingsavdeling kan beslutte å innhente etterforskingsbistand fra politiet, herunder gi politiet pålegg om iverksetting og gjennomføring av etterforskingsskritt. I sak mot en ansatt i politiet bør slik bistand så vidt mulig innhentes fra et annet politidistrikt enn der mistenkte er ansatt, eller fra politiets særorganer.

Politiet kan på egen hånd foreta etterforskingsskritt når opphold vil kunne skade etterforskingen. Så snart som mulig etter at slike skritt er foretatt, skal Spesialenheten varsles om dette.

§ 34-7. Innstilling om og avgjørelse av påtalespørsmålet. Underretning. Oppbevaring av dokumenter

Når saken er tilstrekkelig klarlagt, skal etterforskingslederen eller den etterforskingslederen gir fullmakt avgi innstilling til Sjefen for Spesialenheten eller den han eller hun gir fullmakt til å avgjøre påtalespørsmålet. Sakens dokumenter skal følge med innstillingen.

Sjefen for Spesialenheten skal sende saken til berørt politimester, sjef for vedkommende særorgan eller annen rett

Sjette del. Særlige saksområder

instans dersom det gjennom anmeldelse eller ved enhetens etterforsking, er kommet frem forhold som tilsier at saken bør vurderes administrativt.

Det skal gis underretning om avgjørelsen av påtalespørsmålet i samsvar med reglene i § 17-2.

Dokumenter i saker innenfor enhetens saklige kompetanseområde skal oppbevares ved Spesialenheten. Begjæring om utskrift, utlån eller gjennomsyn av slike dokumenter avgjøres av Sjefen for Spesialenheten eller den han eller hun gir fullmakt.

§ 34-8. Klage til riksadvokaten

Spesialenhetens beslutninger kan påklages til riksadvokaten i samsvar med reglene i straffeprosessloven § 59a.

§ 34-9. Riksadvokatens instruksjonsmyndighet m.m.

Beslutter enheten å iverksette etterforsking, skal den straks varsle riksadvokaten om dette.

Riksadvokaten kan gi Spesialenheten pålegg om iverksetting, gjennomføring og stansing av etterforsking.

I saker med to eller flere mistenkte der ikke alle er ansatt i politiet eller påtalemyndigheten, avgjør riksadvokaten om enheten skal lede etterforskingen av hele saken, eller om ledelsen av etterforskingen skal deles. I saker hvor det er

Sjette del. Særlige saksområder

mistanke om at en ansatt i politiet og påtalemyndigheten har begått straffbare handlinger både i og utenfor tjenesten, avgjør riksadvokaten om enheten skal lede etterforskingen av hele saken, eller om ledelsen av etterforskingen og avgjørelsen av påtalespørsmålet skal deles.

§ 34-10. Årlig melding

Spesialenheten skal etter nærmere retningslinjer avgi melding til Justisdepartementet og riksadvokaten om sin virksomhet det foregående år.

Kap. 35 Saker som gjelder økonomisk kriminalitet og miljøkriminalitet.

§ 35-1. Den sentrale enhet for etterforsking og påtale av økonomisk kriminalitet og miljøkriminalitet (ØKOKRIM)

Den sentrale enhet for etterforsking og påtale av økonomisk kriminalitet og miljøkriminalitet - ØKOKRIM - er riksdekkende etterforskings- og påtaleorgan for brudd på straffebestemmelser om økonomisk kriminalitet og miljøkriminalitet.

Innen sitt område kan enheten overta sak fra lokal påtalemyndighet og påbegynne etterforsking av eget tiltak.

Stedlig påtalemyndighet har ansvaret for etterforsking og påtale av saker om økonomisk kriminalitet og

Sjette del. Særlige saksområder

miljøkriminalitet som ikke behandles av enheten.

Enheten er underlagt riksadvokaten ved etterforsking og øvrige påtalefunksjoner. Justis- og politidepartementet fastsetter instruks for lederen og godkjenner enhetens organisasjonsplan. Det kan bestemmes en desentralisert struktur.

§ 35-2. Påtalekompetanse

Leder, nestleder og de øvrige statsadvokatene ved enheten har generell påtalekompetanse for hele landet.

§ 35-3. Politikompetanse

Enheten er et sentralt politiorgan innen sitt saklige kompetanseområde, jf. lov 13. mars 1936 nr. 3 om politiet § 3. Lederen har myndighet som politimester, og politiinstruksen gjelder for enhetens polititjenestemenn så langt den passer.

§ 35-4. Saklig kompetanse

Enheten skal behandle særlig alvorlige overtredelser av straffelovens kapittel 24, 26 og 27, skatte- og avgiftslovgivningen, valutalovgivningen, prisloven, verdipapirhandelloven, forurensingsloven, arbeidsmiljøloven og andre lovovertredelser som naturlig faller inn under økonomisk kriminalitet og miljøkriminalitet.

Sjette del. Særlige saksområder

Avgjørelsen av om enheten skal behandle en sak treffes av leder eller nestleder. Ved avgjørelsen skal det særlig legges vekt på:

a) etterforskingens omfang, sakens kompleksitet og dens økonomiske størrelse,

b) hvorvidt saken har forgreninger til utlandet,

c) sakens prinsipielle karakter.

§ 35-5. Om overtakelse og påbegynnelse av saker og om underretning

Den stedlige politimester eller statsadvokat kan anmode enheten om å overta etterforsking, påtale og iretteføring av sak nevnt under § 35-4. Politimesteren skal i ethvert tilfelle orientere enheten på et tidlig stadium om større saker om økonomisk kriminalitet eller miljøkriminalitet som etterforskes lokalt.

Enheten kan i særlige tilfelle innlede etterforsking i slik sak. Den stedlige politimester og statsadvokat underrettes så vidt mulig på forhånd om etterforskingen. Enheten kan også be om å overta slik sak. Anmodningen rettes til den stedlige statsadvokat.

Er det uenighet mellom den stedlige statsadvokat og enheten om hvem som skal behandle en sak, kan spørsmålet bringes inn for riksadvokaten til avgjørelse.

Sjette del. Særlige saksområder

§ 35-6. Felles etterforskingsgrupper

I en sak som enheten har overtatt kan enheten og det stedlige politi eller statsadvokat, hvor det er hensiktsmessig, avtale å opprette en etterforskingsgruppe bestående av personer fra berørte politikamre og enheten, til å etterforske saken.

§ 35-7. Bistandssaker

Enheten kan på anmodning fra den stedlige politimester eller statsadvokat yte bistand under etterforsking av økonomiske straffesaker eller miljøsaker. Arten og omfanget av bistanden avtales i den enkelte sak med leder eller nestleder.

§ 35-8. Utvidet kompetanse

Dersom det i en sak enheten etterforsker fremkommer opplysninger om andre straffbare forhold som ikke hører inn under enhetens arbeidsområde, etterforskes og irettføres disse av enheten hvor det klart er mest hensiktsmessig. Avgjørelsen treffes av den statsadvokat som har ledelsen av etterforskingen.

Riksadvokaten kan i særskilte tilfelle bestemme at en sak skal behandles av enheten, også om saken ikke går inn under § 35-4.

§ 35-9. Oppbevaring av dokumenter

Når en sak er ferdigbehandlet ved enheten, sendes dokumentene til det stedlige politikammer til oppbevaring etter reglene i politiregisterforskriften § 25-3.

§ 35-10. Generelle bestemmelser

Enheten er hørings-, bistands- og rådgivingsorgan for sentrale myndigheter og kontrollorgan. Enheten er videre bistands- og rådgivingsorgan for det stedlige politi, og skal virke for å styrke kompetansen lokalt på økonomiske saker og miljøsaker.

Enheten skal være et senter for bekjempelsen av økonomisk kriminalitet og miljøkriminalitet, og skal innen dette felt stimulere til forsking og utvikling av kunnskap, samle generell informasjon og drive undervisnings- og opplysningsvirksomhet. Enheten skal foreta kriminaletterretning på området økonomisk kriminalitet og miljøkriminalitet.

I samarbeid med Justis- og politidepartementet har enheten ansvaret for internasjonalt samarbeid innenfor arbeidsområdet.

Sjette del. Særlige saksområder

Kap. 36. Militære straffesaker mm

Alminnelige bestemmelser

§ 36-1. Krigsadvokat

Med krigsadvokat menes i denne instruks både førstekrigsadvokat, krigsadvokat, hjelpekrigsadvokat og krigsadvokatfullmektig med mindre annet framgår.

§ 36-2. Etterforskings- og påtalekompetanse i fredstid

I fredstid avgjør statsadvokaten spørsmålet om tiltale i saker om militære forbrytelser når det ikke hører under Kongen i statsråd eller riksadvokaten. Politiet avgjør spørsmålet om tiltale i saker om militære forseelser, og i saker om forbrytelse dersom politiet ellers har slik kompetanse med hjemmel i § 67 andre ledd. Generaladvokaten, førstekrigsadvokaten og krigsadvokaten har samme kompetanse til å utferdige forelegg som politiets embets- og tjenestemenn med påtalemyndighet. Denne kompetanse tilligger ikke hjelpekrigsadvokater og krigsadvokatfullmektiger.

Befal og militærpolitiet har samme kompetanse som polititjenestemenn når det gjelder etterforsking og iverksetting av tvangsmidler, jf. straffeprosessloven § 478.

Sjette del. Særlige saksområder

§ 36-3. Etterforskings- og påtalekompetanse i krigstid

I krigstid avgjør generaladvokaten eller førstekrigsadvokaten spørsmålet om tiltale i saker om militære forbrytelser og forseelser når det ikke hører under Kongen i statsråd eller riksadvokaten. I unntakstilfeller kan avgjørelse treffes av statsadvokaten. Krigsadvokaten har samme kompetanse til å utferdige forelegg som politiets embets- og tjenestemenn med påtalemyndighet. Denne kompetansen tilligger ikke hjelpekrigsadvokater og krigsadvokatfullmektiger.

§ 36-4. Gjensidig plikt til bistand

Den militære og den borgerlige påtalemyndighet plikter å yte hverandre nødvendig bistand ved forfølgning av straffbare handlinger.

§ 36-5. Instruksjonsmyndighet

I fredstid står generaladvokaten og krigsadvokatene som påtalemyndighet under vedkommende statsadvokat. I krigstid står generaladvokaten og førstekrigsadvokatene som påtalemyndighet under riksadvokaten, og krigsadvokatene under førstekrigsadvokaten.

Generaladvokaten gir direktiver om sakstildeling og saksbehandling for krigsadvokatene.

Sjette del. Særlige saksområder

§ 36-6. Forelegg på arrest

Finner generaladvokaten, vedkommende førstekrigsadvokat eller krigsadvokat at en militær straffesak bør avgjøres ved arrest, bør han utferdige forelegg på dette, jf. straffeprosessloven §§ 474 og 479.

§ 36-7. Underretning til militær sjef om avgjørelse av påtalespørsmålet i krigstid

I krigstid skal den militære påtalemyndighet alltid gi underretning om sin avgjørelse av påtalespørsmålet til den militære sjef som har oversendt saken etter disiplinærreglementet for Forsvaret pkt 42.

Er den militære sjef uenig i avgjørelsen av påtalespørsmålet, kan han kreve at saken bringes inn for høyere påtalemyndighet.

Når det igangsettes etterforsking uten at det foreligger anmeldelse eller uttalelse fra vedkommende militære sjef, bør uttalelse innhentes før påtalemyndigheten treffer sin avgjørelse.

§ 36-8. Fullbyrding av arrest

Beslutning om fullbyrdelse av dom eller vedtatt forelegg på arrest treffes av politiet, som også sørger for fremstilling for soning i militærleir. Forelegg eller dom på arrest bør fortrinnsvis søkes sonet i umiddelbar tilknytning til den

Sjette del. Særlige saksområder

vernepliktiges tjenestetid. Forøvrig gjelder bestemmelsene i kap. 29.

Befalets og militærpolitiets bistand ved forfølgning av straffesaker

§ 36-9. Anmeldelse av straffbare handlinger

Handlinger som er straffbare etter militær straffelov, men som ikke antas å burde avgjøres ved refselse, skal meldes til vedkommende krigsadvokat av militær sjef i samsvar med bestemmelsene i disiplinærreglementet for Forsvaret.

§ 36-10. Bistand ved behandling av disiplinærsaker

Politiet plikter å yte bistand i militære disiplinærsaker til følgende:

a) innhente opplysninger,

b) oppta forklaringer,

c) besørge forkynnelser og meddelelser,

d) avhente militært personell som er ulovlig fraværende fra sitt militære tjenestested,

e) medvirke ved fullbyrdelse av ilagte refselser når vedkommende ikke lenger er i militær tjeneste.

Sjette del. Særlige saksområder

Anmodning om bistand kan fremsettes av militærpolitibefal, avdelingssjef med disiplinærmyndighet (kompanisjef og tilsvarende) eller av høyere militær sjef.

§ 36-11. Forkynnelse i straffesaker

Forkynnelse overfor tjenestegjørende militærpersoner skjer i militære straffesaker ved befalingsmann eller militærpolitiet med mindre krigsadvokaten ber politiet om å foreta forkynnelsen. I borgerlige straffesaker foretas forkynnelsen av politiet med mindre dette ber de militære myndigheter om å foreta forkynnelsen.
Saker i tilknytning til militære statusavtaler

§ 36-12. Jurisdiksjonsoverføring

Dersom senderstatens militære myndigheter i overensstemmelse med artikkel VII pkt 3 (c) i Avtale mellom partene i traktaten for det Nordatlantiske område om status for deres styrker av 19. juni 1951 eller tilsvarende folkerettslig bindende statusavtaler for militære styrkemedlemmer og tilhørende personellkategorier, retter anmodning til norske myndigheter om å frafalle førsteretten til jurisdiksjon i en forbrytelsessak eller forseelsessak, fremsendes denne anmodning gjennom Forsvarsdepartementet eller den norske militære myndighet som Forsvarsdepartementet bestemmer, til riksadvokaten i saker der påtalekompetansen tilligger riksadvokaten eller Kongen i statsråd, og ellers til statsadvokaten. Beslutning om jurisdiksjonsoverføring treffes av statsadvokaten eller av riksadvokaten dersom statsadvokaten ikke har

Sjette del. Særlige saksområder

påtalekompetanse.

Til jurisdiksjonsoverføringen kan knyttes det vilkår at senderstaten reagerer disiplinært eller strafferettslig i saken og det bør tas forbehold om at norske myndigheter kan ta tilbake saken såfremt det ikke reageres som nevnt.

§ 36-13. Spesielt om pågripelse

Ved pågripelse av personer som antas å oppholde seg i Norge under slike vilkår at det kommer inn under en folkerettslig bindende statusavtale for militære styrkemedlemmer og tilhørende personellkategorier, skal vedkommende avkreves opplysninger om navn, adresse, fødselsdato, statsborgerskap og stilling for å avgjøre om han hører til de personellkategorier som kommer inn under statusavtalen.

Politiet underretter straks ved telefonisk melding senderstatens militære myndigheter om pågripelse dersom slike finnes i området. Underretning gis også straks til Forsvarsdepartementet eller den norske militærmyndighet som Forsvarsdepartementet bestemmer.

Dersom senderstatens militære myndigheter gir uttrykk for at de vil innfinne seg hos politiet, skal den pågrepne ikke avkreves forklaring ut over det som følger av første ledd.

Politiet skal orientere den pågrepne om at han ikke plikter å gi politiet opplysninger utover det som følger av første ledd.

Sjette del. Særlige saksområder

Plikten til å gi underretning gjelder ikke innbringelse i medhold av politilovens § 8.

Ved innbringelse etter politiloven § 9 underrettes vedkommendes militære avdeling.

Tvangsmessig fremstilling for blodprøvetaking etter vegtrafikklovens § 22 a kan foretas uten underretning til senderstaten.

§ 36-14. Spesielt om siktelse

Når personell som nevnt i § 36-13 er siktet for en forbrytelse eller forseelse som vanligvis fører til fengselsstraff, underretter politiet Forsvarsdepartementet eller den norske militære myndighet som Forsvarsdepartementet bestemmer.

Når saken er endelig avsluttet, sendes straffesakens dokumenter med meldingen om avgjørelsen til samme myndighet.

II.

1. Reglene i del I trer i kraft 1 januar 1986.

2. Fra samme tidspunkt oppheves følgende bestemmelser:

a) Kronprinsreg.res. 14 desember 1934 om regler om ordning av påtalemyndigheten med senere endringer ... med unntak av reglenes kap. X og XII,

Sjette del. Særlige saksområder

b) Kgl.res. 3 desember 1904 om avdragsvis betaling av bøter og opptjening av samme i statens eller kommunens tjeneste,

c) Kgl.res. 23 februar 1968 om fingeravtrykk og fotografi av person som er mistenkt eller dømt for straffbar handling,

d) Kgl.res. 2 juni 1978 om sakkyndig likundersøkelse i medhold av straffeprosessloven § 211 og

e) Kgl.res. 15 februar 1980 om instruks om gjennomføring av kroppslig undersøkelse av mistenkte etter straffeprosessloven § 211 a.

3. De bestemmelser som er fastsatt ved lov 14 juni 1985 nr. 71 om ikraftsetting og endring av den nye straffeprosessloven m.m. vedrørende anvendelse av den nye straffeprosessloven m.m. på saker som er under behandling 1 januar 1986, gjelder tilsvarende så langt de passer for reglene i del I.

Kap. 37. Saker som gjelder bekjempelse av organisert og annen alvorlig kriminalitet.

§ 37-1. Den nasjonale enheten for bekjempelse av organisert og annen alvorlig kriminalitet (Kripos)

Den nasjonale enheten for bekjempelse av organisert og annen alvorlig kriminalitet (Kripos) har riksdekkende ansvar som etterforskings-, påtale- og bistandsenhet for visse saker om organisert og annen alvorlig kriminalitet.

Sjette del. Særlige saksområder

Innen sitt område, jf. § 37-3 kan enheten foreta etterforsking av eget tiltak og overta en sak fra andre i samsvar med reglene i dette kapittelet.

Enheten skal gi bistand til politidistriktene og andre sentrale politiorgan etter nærmere retningslinjer av overordnet påtalemyndighet.

Ved etterforsking og øvrige påtalefunksjoner er enheten underlagt Det nasjonale statsadvokatembetet for bekjempelse av organisert og annen alvorlig kriminalitet.

§ 37-2. Påtalekompetanse

Sjef og assisterende sjef ved enheten har påtalekompetanse som politimester forutsatt at de har juridisk embetseksamen, jf. straffeprosessloven § 55 første ledd nr. 3.

Politiinspektører, politiadvokater og politifullmektiger ved enheten har påtalekompetanse forutsatt at de har juridisk embetseksamen og gjør tjeneste i stilling som er tillagt påtalemyndighet, jf. straffeprosessloven § 55 første ledd nr. 3.

Påtalekompetansen gjelder for hele landet i enhetens egne saker.

§ 37-3. Saklig kompetanse i egne saker

Enheten kan etterforske saker om organisert og annen alvorlig kriminalitet. Ved avgjørelsen av om en slik sak skal etterforskes ved enheten skal det særlig legges vekt på om saken:

a) er av prinsipiell karakter,

b) omfatter personer eller miljøer hvor enheten har særlig erfaring eller kunnskap,

c) strekker seg over flere politidistrikter,

d) ikke naturlig hører under noe politidistrikt,

e) av sikkerhetshensyn bør etterforskes utenfor det distrikt den hører under, eller

f) vil kreve utstrakt internasjonalt samarbeid.

Det hører under enheten å etterforske følgende forbrytelser begått i utlandet av personer som befinner seg i Norge, unntatt forbrytelser begått av norsk militær personell:

a) Krigsforbrytelser, som definert i Roma-vedtektene av 1998 for Den internasjonale straffedomstol, samt andre krigsforbrytelser i henhold til konvensjoner som Norge har ratifisert.

b) Folkemord, som definert i Roma-vedtektene av 1998 for Den internasjonale straffedomstol.

Sjette del. Særlige saksområder

c) Forbrytelser mot menneskeheten, som definert i Roma-vedtektene av 1998 for Den internasjonale straffedomstol.

Enheten kan etterforske følgende forbrytelser begått i utlandet av personer som befinner seg i Norge:

a) Handling straffbar etter lov 17. juli 1998 nr. 54 angående konvensjon om antipersonellminer § 5.

b) Åpen etterforsking av terrorhandlinger, jf. straffeloven § 147a og § 147b.

c) Tortur, jf. straffeloven § 117a.

d) Andre alvorlige forbrytelser, når de står i sammenheng med forbrytelser som er nevnt foran.

e) Etter særskilt beslutning av overordnet påtalemyndighet andre alvorlige forbrytelser begått av utlending i utlandet dersom mistenkte befinner seg i Norge.

Enheten kan etterforske alvorlig IKT-kriminalitet. Ved avgjørelse av om en slik sak skal etterforskes ved enheten skal det legges særlig vekt på om saken

a) er av prinsipiell karakter,

b) vil kreve utstrakt internasjonalt samarbeid,

c) ikke naturlig hører under noe politidistrikt, eller

Sjette del. Særlige saksområder

d) er særlig kompetanse- eller teknologikrevende.

Avgjørelse av om enheten skal etterforske en sak som nevnt i første, annet og fjerde ledd treffes av sjef eller assisterende sjef. En statsadvokat ved Det nasjonale statsadvokatembetet treffer beslutning om inntak av saker som nevnt i tredje ledd etter samråd med sjef eller assisterende sjef ved enheten. Før statsadvokaten treffer beslutning om å ta inn en sak som nevnt i tredje ledd bokstav b) skal det innhentes uttalelse fra Sjefen for Politiets sikkerhetstjeneste. Avgjørelse av om enheten skal sette i verk etterforsking treffes skriftlig.

Riksadvokaten kan gi nærmere regler om inntak av saker ved enheten, herunder beslutte at enheten skal etterforske andre sakstyper eller enkeltsaker riksadvokaten overlater til enheten, jf. straffeprosessloven § 59.

§ 37-4. Om overtakelse av saker og om underretning

Politimestrene, sjefene for politiets særorganer, statsadvokatene i regionene og Rådet for samordnet bekjempelse av organisert kriminalitet (ROK) kan anmode enheten om å overta en sak som nevnt under § 37-3. Avslås anmodningen, kan spørsmålet bringes inn for Det nasjonale statsadvokatembetet, eventuelt riksadvokaten til avgjørelse.

Enheten kan også selv anmode om å overta en sak som er under behandling i et eller flere politidistrikter eller ved et annet særorgan. Anmodningen rettes, via Det nasjonale statsadvokatembetet, til statsadvokaten i regionen. Statsadvokaten avgjør om saken skal overføres fra et

Sjette del. Særlige saksområder

politidistrikt til enheten etter å ha innhentet uttalelse fra politimesteren. Avslår den regionale statsadvokaten å overføre saken, kan spørsmålet bringes inn for riksadvokaten.

Enheten skal senest når den setter i verk etterforsking orientere berørte politimestre, statsadvokatembeter og Rådet for samordnet bekjempelse av organisert kriminalitet (ROK) om saken og senere om opplysninger som fremkommer under etterforskingen og som skjønnes å være av betydning for lokalt politi, statsadvokatembete eller rådet. Likeledes skal politimestrene orientere enheten på et tidlig stadium om større saker om organisert og annen alvorlig kriminalitet som etterforskes i distriktet, jf. § 5-10 C nr. 11.

§ 37-5. Felles etterforskingsgrupper

Enheten og det stedlige politi eller statsadvokat kan, hvor det er hensiktsmessig, avtale å opprette en etterforskingsgruppe bestående av personer fra berørte politidistrikter og enheten. Tilsvarende grupper kan opprettes i samråd med andre særorgan.

§ 37-6. Bistandssaker

Enheten kan på anmodning fra en politimester, sjef for et særorgan eller en statsadvokat yte bistand under etterforsking av saker om organisert og annen alvorlig kriminalitet.

Sjette del. Særlige saksområder

§ 37-7. Utvidet saklig kompetanse

Dersom det i en sak enheten etterforsker, fremkommer opplysninger om straffbare forhold som ikke hører inn under enhetens arbeidsområde, kan disse etterforskes og irettføres av enheten når det er mest hensiktsmessig. Avgjørelsen om dette treffes av en statsadvokat ved Det nasjonale statsadvokatembetet i samråd med sjef eller assisterende sjef ved enheten.

Enheten kan også behandle andre saker enn nevnt i § 37-3 etter riksadvokatens nærmere beslutning, jf. straffeprosessloven § 59.

Kap. 38. Det nasjonale statsadvokatembetet for bekjempelse av organisert og annen alvorlig kriminalitet

§ 38-1. Det nasjonale statsadvokatembetet for bekjempelse av organisert og annen alvorlig kriminalitet

Det nasjonale statsadvokatembetet for bekjempelse av organisert og annen alvorlig kriminalitet har påtaleansvaret på statsadvokatnivå for saker som Den nasjonale enhet for bekjempelse av organisert og annen alvorlig kriminalitet (Kripos) selv behandler, jf. § 37-3.

Det nasjonale statsadvokatembetet har også den overordnede påtalemessige ledelse av straffesaksbehandlingen ved Den nasjonale enhet for bekjempelse av organisert og annen alvorlig kriminalitet (Kripos).

Sjette del. Særlige saksområder

Riksadvokaten kan beslutte at statsadvokatembetet skal ha andre nasjonale påtaleoppgaver, herunder ansvar for oppgaver som ikke naturlig hører under noe regionalt statsadvokatembete.

• ♦ •

Sjette del. Særlige saksområder

www.ingramcontent.com/pod-product-compliance
Lightning Source LLC
Chambersburg PA
CBHW060857170526
45158CB00001B/393